自古以来，我国知识分子就有“为天地立心，为生民立命，为往圣继绝学，为万世开太平”的志向和传统。

——习近平《在哲学社会科学工作座谈会上的讲话》

横渠书院书系·关学文化普及丛书

关学导语

王政军　刘　泉◎编著

西安出版社

图书在版编目（CIP）数据

关学导语 / 王政军，刘泉编著. -- 西安：西安出版社，2018.6
ISBN 978-7-5541-3110-7

Ⅰ. ①关… Ⅱ. ①王… ②刘… Ⅲ. ①关学—通俗读物 Ⅳ. ①B244.4-49

中国版本图书馆 CIP 数据核字（2018）第 116672 号

关学导语

编　　著：王政军　刘　泉
出版发行：西安出版社
社　　址：西安市长安北路 56 号
电　　话：（029）85253740
邮政编码：710061
网　　址：www.xacbs.com
印　　刷：西安盛业印务有限公司
开　　本：880mm×1230 mm　1/32
印　　张：4.25
字　　数：62 千
版　　次：2018 年 6 月第 1 版
2018 年 6 月第 1 次印刷
书　　号：ISBN 978-7-5541-3110-7
定　　价：20.00 元

目　录

传承关学　服务大众

自2015年进入横渠书院以来，追寻着横渠先生当年“为天地立心，为生民立命，为往圣继绝学，为万世开太平”的理想，定规划、搞建设、请专家、做活动。现在的横渠书院焕发出了新的气象，我们在西宝高速公路旁竖立起“关学圣地，人文化成”的广告牌，在书院里整理展示大量的关学图书、碑文，接待络绎不绝来自全国各地前来拜祭横渠先生的专家学者、官员、企业家、学生，听我们讲关学的故事，乐此不疲，心中甚是喜欢，又深感责任重大。

横渠先生认为，人要真正完成理想人格，既要靠“内圣”的心性修养，更要有“外王”的经世致用。在生命成长中领悟人性提升人格，形成“存，吾顺事；没，吾宁也”的人生态度。每一个人的“生”是被动的，无人能定诞生计划，然而人来到这个世界上，就要一步一步为实现理想而努力奋斗。生命是有限的，每个人都要面对死的问题。儒家重生，也不怕死，但反对浪费生命，特别是自杀，因为生命只有一次而且短暂。

人为啥活着？应该做什么？人们吃饱穿暖之后就会问自己，问他人。这个问题古今中外的哲学家、思想家都在思考、讨论，几千年了，答案各不相同，也没有标准答案。古人说“食色，性也”，食为生存，色为发展（传宗接代），这是人生的基本。鲁迅说，一为生存，二为温饱，三为发展。孟子说，人性善。荀子说，人性恶。横渠先生在理论上和科学上进行了论证、证明。他站在宇宙角度，把“天人合一”“天地之性与气质之性”“善与恶”讲明白了，也说明了个人自身、个人与家庭、与社会、与他人、与国家、与自然如何相处，即如何“生”的问题。近千年过去了，这些思想已经融入儒家文化的核心价值观，甚至也构成我们平常人的评判标准：毫不利人，专门利己的人，我们称之为坏人；为大多数人谋利益、舍己为公的人，我们称之为好人，好人是我们学习效法的榜样。榜样又分为君子、贤人、圣人。儒家认为，人通过道德修养，下学上达，到达圣人境界，就是冯友兰先生讲的“天地境界”的人，是真、善、美高度统一的人。从孔子到横渠先生，他们的思想一脉相承，中华民族的核心价值在儒家文化那里得到了充分的体现，成为人们的信仰，产生了巨大影响。历史上大量的仁人志士，他们身上都有这种思想火花的闪现和传承。我们熟知的江姐、刘胡兰在面临选择理想与生命不可兼得时，勇敢而坚定地放弃生命，坚守理想——她们为解放劳苦大众不懈努力，直至献出一切，她们的灵魂就变得重于泰山。无论是历史还是现在，那些伟大的思想家、志士仁人，他们的思想不死，令人尊重，铭刻历史，精神永存，这也正是我们的文化自信所在。

培养有道德、有信仰的人，是中国书院的优秀传统。自古以来，书院在传道、授业、解惑方面独树一帜，大放光彩。进入现代社会后，书院的重建任务艰巨，任重道远。书院存在的价值十分重大，使命更加艰巨：在传统的传道、授业、解惑的基础上，更肩负着用传统文化滋养大众心灵，培养现代健康人格的伟大使命。大众希望书院以儒家博大的传统文化，构建圣洁的精神殿堂，解决世道人心的困惑，让疲惫的身心得以放松，骚动的灵魂有个归宿，身心和谐，选好方向再前行，这是当代书院独特的魅力所在。

两年来，横渠书院把“传承关学　服务大众”作为目标，以横渠先生“四为使命”为志向，传承关学精神，传播关学文化；选择有趣味性、容易被大众接受和理解的方式，让人们了解关学的时代价值，丰富我们的精神世界。例如：今年，书院把“礼”作为宣传教育主题，首先把古代礼的内容，与礼仪有关的衣、食、居、习俗、祭祀、礼器、书籍、人物以及不同时代礼仪的变化等介绍给大众。其次，把礼的现代内容、词汇、短语、概念、礼仪方式作古今对接，使大家明白中华民族作为“礼仪之邦”，自古血脉相传，从未间断。“礼”，是中国人生活方式、中国文化、中国精神最重要的组成部分。

在此基础上，选择大众通常沿用的成人礼、拜师礼、开笔礼、婚礼、迎宾礼等，通过规范演示，示范引导，进一步体现礼仪的形式包含的内在精神，让传统礼仪在我们日常生活中再现传统文化，复活美学思想。把学礼、知礼、守礼、行礼倡导为个人、家庭的行为规范，对个人是树立美好形象的标志，对家庭是和谐美满的体现，对社会是团结友善的展示。一年来，来自海内外近十万人参观、参与了书院的礼乐活动，给他们留下了深刻印象。

许多人还将自己的孩子亲自带来学习，一些社会团体专门组织团队在书院进行礼仪学习、实践演练。

关学是一个巨大的精神矿藏。在关学研究与传播方面，两年来，我们组织数十名关学专家探讨当代“新关学”，出版关学、礼学研究文章上百篇，数十万册，并在全国发行。组织关学“正蒙读书会”，培养关学师资力量。同时参加全国百家书院联盟，拓展横渠书院分院，收集整理关学图书、资料上万份。举办关学大讲堂，今年组织了三十场讲座和培训。两年来，有二十所大学上千名学生来书院高质量完成了实习和社会实践，在社会上引起极大反响和关注。中央领导刘奇葆、李金华，全国妇联主席、省市领导到书院视察。老领导张勃兴、老校长张岂之、老专家陈俊民亲临指导，使书院方向明、方法实、效果好，已成为当地文化旅游的一张名片，横渠书院的影响日益扩大，成为大家学习研修、旅游观光的选择。

我们生活在一个伟大的时代，勤劳勇敢的中华儿女用辛勤奋斗实践着伟大的中国梦。我坚信中华传统文化一定会伴随着中华民族的伟大复兴而焕发耀眼光芒。光明愿景和伟大实践激励我们前行，开掘关学这个文化宝藏是时代和历史赋予我们的神圣职责和使命。拂去历史尘埃，打磨关学亮点，升华关学思想，服务现代生活，让关学在历史的厚土中开放出时代的花朵，是我们对伟大先贤的敬畏下的承诺。关学千年、横渠千年，沧海桑田、历久弥新。

横渠书院欢迎您！

（王政军）

眉县横渠书院历史沿革

1. 张载（1020—1077，横渠先生），创立横渠书院。

2. 元成宗元贞元年（1295年），建张载祠。

3. 元泰定帝泰定三年（1326年），重建横渠书院。

4. 明洪武十四年(1381年)，眉县县令林思正修书院。

5. 明万历三年(1575年)，眉县县令姚继先重修书院。

6. 清康熙二十三年（1684年），眉县县令陈石麟重修书院，康熙皇帝赐“学达性天”匾。

7. 清康熙五十一年（1712年），重修书院。

8. 清光绪十一年（1885年），重修书院。

9. 清光绪三十一(1905年)，改建书院为高等小学堂。

10. 清宣统元年（1909年），改名为“眉县第二高等小学堂”。

11. 民国十二年至民国十三年（1923—1924），改为“横渠高等小学堂”。

12. 民国二十五年（1936年），改为“眉县横渠镇中心小学”。

13. 1949年，改为“眉县横渠小学”。

14. 1978年，成立“眉县横渠中学”。

15. 1985年，成立“张载祠文物管理所”。

16. 1990年，眉县人民政府重修张载祠，恢复横渠书院。

17. 1992年，被列为省级重点文物保护单位。

18. 2015年12月，注册成立眉县横渠书院。

张载画像选录

张载历代画像现存有十余幅，本节选取较有代表性的四幅，包括宋元一幅、明代一幅、清代一幅，年代未明一幅。

见宋陈元靓撰《事林广记》元至顺（1330—1333）建安椿庄书院刻本

见明高宗哲集《历代君臣图像》，明嘉靖本。

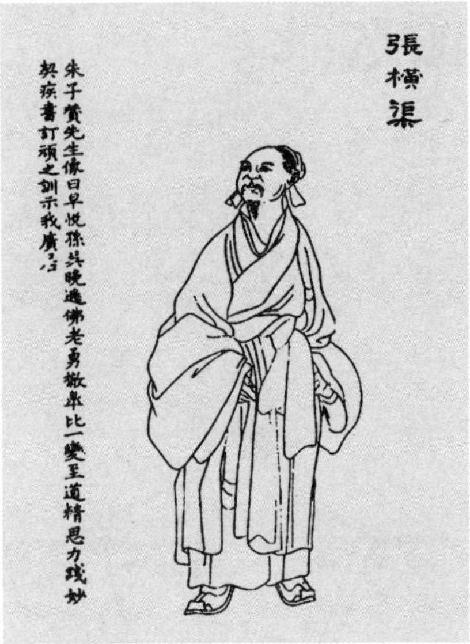

见清上官周绘《晚笑堂画传》，乾隆八年刻本。

出处不详

学归孔孟　志求太平

——张载的人生境遇与生命志趣

张载（1020—1077，字子厚，学者称横渠先生）是关学宗师，也是北宋理学的创立者之一。他祖籍汴梁（今河南开封），于宋真宗天禧四年（1020年）生于长安，后随其父张迪至涪州（今四川涪陵）。其父卒后，与家人返籍途中受阻，遂葬父于凤翔郿县（今陕西宝鸡市眉县）横渠镇，便举家落籍于此。张载早年喜兵，欲以武力收复失地。拜谒范仲淹并受读《中庸》后，便致力于复兴儒学的事业。其间虽有往返佛老典籍的经历，但终究归心于“六经”与孔孟。张载登第（1057年）后，在地方居官几任，又奉召任崇文院校书（1069年），入朝同知太常礼院（1077年）。熙宁十年（1077年），病逝于临潼，葬于眉县横渠镇。[①]纵观张载一生，其大部分时间是在关中讲学，并致力于地方的教育与治理。以下，基于张载的生平，对其人生境遇中的三次转折与“开太平”的生命志趣进行解析和阐释。

一、张载人生境遇的三次转折

1. 受读《中庸》——弃武从文

张载年少时对武力和军事十分崇尚，并有收复失地的志向。因此，当范仲淹赴陕西任招讨副使兼知延州时（1040年），二十一岁的张载便上书拜谒。[②]我们今天所见《张载集》中的《边议》有可能就是张载呈给范仲淹的军

①关于张载生平系年及事迹，主要参考张波《张载年谱》（西安：西北大学出版社，2015年），如无特别说明，一般不另行注释。

②张载上书谒范仲淹的年龄，吕大临《行状》记作“当康定用兵时，年十八”，《宋史》张载本传则记作二十一岁。按，“康定”系宋仁宗年号，使用不足二年，即公元一〇四〇年至一〇四一年。据此可知，《宋史》所记二十一岁比较准确。

事建议。范仲淹认为张载是可造之才，所以告诫他："儒者自有名教可乐，何事于兵！"并劝勉张载认真研读儒家经典著作《礼记》中的《中庸》篇。他们二人具体所论，我们已经难以知晓。但张载确实诚心地接受了范仲淹的劝诫，并且对《中庸》进行了认真的研读，在此基础上逐步建构了他的哲学体系。

张载的这一转折，是其人生格局的重要一步。从这段经历来看，张载之勇不仅体现在其军事抱负上，更体现在其意志与性格的坚毅上。张载放下多年以来所致力于的理念，接受并践行范仲淹的建议，无疑是一种"弃武从文"的行为。但如果结合张载一生来看，这些都是为其终极的"太平"理念所服务的。这一点，将在下文详述。

2. 京师论易——尽弃异学

张载"从文"之后，求学于儒释道及百家著述与思想之中，虽然倾心于"六经"与孔孟，但难免于"驳杂"。此一时期的张载，学识均已有所成就，在关中地区已有所影响。如《行状》所载："（张载）方未第时，文潞公（文彦博）以故相判长安，闻先生名行之美，聘以束帛，延之学宫，异其礼际，士子矜式焉。”[①]此时张载 35 岁，其人生已经过半。

此后两年，时为宋仁宗嘉祐元年（1056），37 岁的张载为参加明年的科举考试前往京师。在京师停留期间，张载曾坐着虎皮为众人讲授《周易》，当时听者甚多。从此事一可见张载对自己的学术自信，二可见张载当时的见识确已有所不凡。

某一天下午，程颢、程颐兄弟来拜访作为表叔的张载，叔侄三人深入交流了学习《周易》的心得，共同探讨构建道学所涉及的核心问题。次日，当张载再次开讲时，他坦言道：“比见二程，深明易道，吾所弗及，汝辈可师之。”[②]然后撤掉虎皮，不再公开讲论，而是继续与二程探讨学问。此事亦是张载治学之勇力的体现。他敢于公开自我批评，赞誉同道的博大胸襟，更是他“勇

①吕大临：《横渠先生行状》，《张载集》，章锡琛点校，北京：中华书局，1978 年，第 382 页。

②脱脱等：《宋史·张载传》，《张载集》，第 386 页。

于造道”[1]的必要条件。

通过与二程“共语道学之要”，张载受益匪浅，消除了一直以来内心的种种疑虑和积郁，对孔孟儒学更加自信，感叹道：“吾道自足，何事旁求！”于是“尽弃异学，纯如也。”[2]这一事件，无疑是张载人生的第二转折，既是对他这近二十年来探索的终结与回应，也是对当年范仲淹所说的“自有名教可乐”之言的彻悟。同时，张载既在现实中邂逅到了可以在深层次“切磋”[3]学问的志同道合者，同时更为他所致力的事业确定了终极的目标。[4]在此意义上，张载“为天地立心，为生民立命，为往圣

③黄宗羲、全祖望：《横渠学案（上）》，《宋元学案》卷十七，陈金生等点校，北京：中华书局，1986年，第662页。

①脱脱等：《宋史·张载传》，《张载集》，第386页。

②黄宗羲、全祖望：《横渠学案（上）》，《宋元学案》卷十七，第664页。

③关于“京师论易”的意义，可参考张金兰《张载、二程“京师论易”探析》一文，载《陕西师范大学学报》（哲学社会科学版）2015年第2期。

继绝学，为万世开太平”[①]的理念有可能就是在这一时期明确提出的。

3. 案狱浙东——归居横渠

举进士（1057年）之后的十年间，张载“间起从仕，日益就，学益明。”[②]在宋神宗熙宁二年（1069年），满50岁的张载迎来了自己人生的第三次转折。这一年冬天（闰

①林乐昌先生指出：关于张载“四为句”的版本，常见版本有两种，包括南宋和清代各一种。南宋朱熹和吕祖谦合编《近思录》、南宋《诸儒鸣道》本所收《横渠语录》、南宋末吴坚刊本《张子语录》均作“为天地立心，为生民立道，为去圣继绝学，为万世开太平”，属同一种文本。明版《张子全书》所收“四为句”沿袭了南宋文本。清代《宋元学案》卷十七《横渠学案（上）》有黄宗羲之子黄百家案语，引作：“为天地立心，为生民立命，为往圣继绝学，为万世开太平”。（黄宗羲、全祖望：《宋元学案》，第664页）张岱年先生认为，宋、明各本所传当为原文，《宋元学案》所引则经过后人润色，但流传较广。（张岱年：《试谈“横渠四句”》，《中国文化研究》1997年春之卷，总第15期，第2页）此论甚当。本文将以《宋元学案》引述的四句作为诠释的文本对象。参见林乐昌：《“为天地立心”——张载“四为句”新释》，《哲学研究》2009年第5期。另，可参考肖发荣：《“立道”“立极”“立命”新探：“横渠四为句”的版本流变及其时代精神》，《天府新论》2014年第4期。

②吕大临：《横渠先生行状》，《张载集》，第382页。

十一月），张载被招至京师，面见宋神宗，与之申述了自己的政治理念和对上古三代的构想，《张载集》中的《策问》即是其文。但他并没有得到宋神宗的实际任用，而是得了个崇文院校书的职务。可是，天意难测，在当时的执政王安石的安排下，张载被派至明州处理狱案。其时，张载的推荐人吕公著和亲友程颢等均上疏力争，然而未果。

张载从明州回到京师，恰逢其弟张戬被王安石罢官，他对中央的政治感到失望，无意参加政治斗争，因此辞官返归横渠镇。此后到去世，张载“终日危坐一室，左右简编，俯而读，仰而思，有得则识之，或中夜起坐，取烛以书”[①]。这七八年间，张载的主要活动便是独坐著书、聚徒讲学以及在地方上实验上古三代的制度。

张载 51 岁的这一决定，基本上预示着他政治生涯的终结。虽然在其人生的最后一段时间曾被召入朝并任命为同知太常礼院，但他没多久便对中央混乱的礼制失望而又一次辞官返乡。这一去，终究是没有能够真正地归

①脱脱等：《宋史・张载传》，《张载集》，第 386 页。

隐横渠，而是归葬于横渠了。或许有感于时事，张载酝酿已久的思想精华《订顽》《贬愚》(即《西铭》《东铭》)可能就成于返归横渠之后。前一篇《订顽》提纲挈领，后一篇《贬愚》谨言工夫，二篇合观足以见《正蒙》的“莫不悉备”与“人功充荣”[1]之处。

二、张载的生命志趣

张载的一生，无论是事兵、为官还是讲学著书，其实都贯穿着一个理念，那便是“太平”，这也是张载人生终极的生命志趣。

1. 收复边关——以事兵致太平

(1) 少喜谈兵

张载对军事的兴趣，无疑与他早年的成长环境和人生经历，以及在此过程中形成的生命品格有很大关系。张载生于长安，在随父亲赴任涪州之前，约十余年间生长于此。移居横渠之后，更是常年在关中地区活动。

---

①苏昞:《正蒙序》,《张载集》，第3页。

当时的长安及关中，位置临近边关，是北宋与西夏的军事活动频繁地带。加之古时关中地区民众的豪杰气息十分浓烈，又受当时现实境遇的影响，张载与邠（今陕西彬县）人焦寅交友，喜好议论军事，更有意组织同道收复失地（山西洮河之西）便是很容易理解的了。

（2）著述献策

张载不仅事兵的志向浓厚，而且对兵书有深入理解与研读，并有所撰述。如《郡斋读书志》记载著录有《张载注尉缭子》一卷，现已佚。在现存的文献中，涉及军事的尚有张载上书给范仲淹的《边议九条》（1040 年）、为范仲淹所撰《庆州大顺城记》（1042 年）、《贺蔡密学第四》（1066 年），以及在签署渭州军事判官任上所撰写的《与蔡帅边事画一》《泾原路经略死论边事状》《经略司画一》等（1068 年前后）。

张载的这些努力，一方面是为了争取北宋治下边关地区的安定与太平，另一方面是争取在可能的情况下收复被异族占领的北宋领土。其根本的愿望是通过加强军事实力，实现领土的完整和保证国家的安定。

2. 有志三代——以为政致太平

（1）政治生涯：为官与《策问》

张载举进士之后，历任祁州司法参军、丹州云崖县令、签署渭州军事判官、秘书省著作佐郎等官后，经御史吕公著推荐，被召至京城，问治道之策，授崇文院校书。同年，被派往明州处理苗振的狱案。次年还朝后，告归横渠镇。宋神宗熙宁十年，经吕大防推荐，召张载复崇文院校书旧职，同知太常礼院。张载讨论礼制与有司不合，遂罢官归乡，途中病逝于临潼。

张载为官时日较短，现存相关文献也十分有限。大略可知，在云崖期间，张载的政事主要以"敦本善俗为先"[①]；在祁州、渭州及明州时则以断狱、军事参谋为主；在秘书省及崇文院，则是以撰拟文字、整理图书、教授诸生为主；在太常礼院，则商议制定国家礼仪制度事宜。纵观这些记载，可知张载基本上没有能在政治上实现其人生抱负。唯一表明其政治理念的是与宋神宗的《策问》，即通过井田渐复三代。然而，他的新政理念与执政王安石的多有抵牾，二人于此互有不满与冲突。不得以，张载归养横渠后，在地方上进行了自己的政治改革实验。

①吕大临：《横渠先生行状》，《张载集》，第382页。

（2）地方自治：实验与《乡约》

张载回到横渠之后，仍然对自己的政治理念抱有极大自信，因此与弟子进行了一系列的自治实验。《行状》谓："先生慨然有意三代之治，望道而欲见。论治人先务，未始不以经界为急，讲求法制，粲然备具，要之可以行于今，如有用我者，举而措之尔。尝曰：'仁政必自经界始。贫富不均，教养无法，虽欲言治，皆苟而已。世之病难行者，未始不以亟夺富人之田为辞，然兹法之行，悦之者众，苟处之有术，期以数年，不刑一人而可复。所病者，特上未之行尔。'乃言曰：'纵不能行之天下，犹可验之一乡。'方与学者议古之法，共买田一方，画为数井，上不失公家之赋役，退以其私正经界，分宅里，立敛法，广储蓄，兴学校，成礼俗，救灾恤患，敦本抑末，足以推先王之遗法，明当今之可行。此皆有志未就。"[①]《宋史·张载传》总结称："其家婚丧葬祭，率用先王之意，而傅以今礼。又论定井田、宅里、发敛、学校之法。皆欲条理成书，使可举而错诸事业。"[②]因此，张载的地

①吕大临：《横渠先生行状》，《张载集》，第384页。
②脱脱等：《宋史·张载传》，《张载集》，第386页。

方治理在制度上体现为：①井田，即通过土地制度改革，使公私分明，人民富足，稳定人口与社会基础结构，为后续的礼的教化奠定经济基础。②封建，通过政治制度改革，简易程序，提高效率，以加强和提升“井田”所带来的生产力，进一步促进经济发展；在这一过程中，十分强调施政者的德性与才能，以及土地的合理分配，避免土地兼并与贫富差距过大。③宗法，通过重建宗族、编制谱系（族谱、家谱等）、制定乡约，在基层社会实现儒学的（道德、知识）教育与礼仪的传承，从而为国家储备各类人才以安邦定国，以至于“为万世开太平”；其中的“乡约”，可以认为是对张载政治理念价值新意的集中体现。“从‘宗法’到‘乡约’，是对公私观念一个重要的拓展：‘宗法’将个人私利与国家利益统摄在一起，‘乡约’则将个人私利与公共利益统摄在一起，所以‘公’的概念在‘乡约’这里得到了延伸，从家庭走向了公共领域，走向了一个不再依靠血亲关系、而是以‘约’的形式组织起来的一个‘群’，而这个‘群’恰恰是儒家‘修齐治平’中被忽略的一环，‘群’的建构让儒家从‘家’到‘国’的伦理演进走得更加平稳、更加可行，因而具有重要的意义。”[①]正因为这一重要的现实价值，从朱熹的《增损吕氏乡约》到王阳明的《南赣乡约》、吕坤的《乡甲约》、陆世仪的《治乡三约》以及梁漱溟的《乡村建设》等，均是对《蓝田吕氏乡约》的承续与实践。

井田、封建、宗法，分别针对经济、政治、文化三个层面，相互因循而彼此关联。在张载的构想中，这三者是对他“道—学—政”一体架构理念的具象化，在现实操作中则有助于发展基层经济、稳定社会结构、提升伦理道德，从而为国家的长治久安奠定坚实的基础。

3. 讲学著述——以为学致太平

（1）聚徒讲学

张载的讲学生涯可能在其与邠（今陕西彬县）人焦寅交游时便已显露端倪，只是当时所论以兵事为主。他

---

①关于此三点的分析，可参考李蕉《张载政治思想述论》第四章，北京：中华书局，2011年，第88-130页。此外可参考王志跃：《张载的经学：礼乐、井田、宗法与祭祀——以〈经学理窟〉为中心所作的探讨》，载卢国龙主编《儒道研究》第一辑，北京：社会科学文献出版社，2013年，第55-93页；龙芊良：《张载“复三代”政治思想探析：以〈经学理窟〉为中心》，《河北学刊》2013年第3期。

转向治学之后，十余年间寻访佛老典籍、返还“六经”之中，35岁时已经名满关中，遂有文彦博之聘（1054年）。这是有记载的关于张载讲学的较早的记录。之后嘉祐元年（1056年）的京师讲易、治平三年（1066年）的京兆郡讲学、熙宁元年（1068 年）左右的武功绿野亭讲学、熙宁十年（1077 年）的洛阳议论略有记载外，张载的讲学授徒多是在眉县横渠镇。间与弟子、二程等人以书信论学论道，如现存的范育、吕大临、李复等人的书信往来以及程颢的《定性书》《识仁》等。

在治学讲学过程中，张载以其道德学问与人格魅力，吸引了以关中士人为主的众多学者，形成了兴盛一时的北宋关学学派。神宗熙宁二年（1069年），御史中丞吕公著向朝廷举荐张载时说：“张载学有本原，四方之学者皆宗之。”[①]对于关学领袖张载“四方之学者皆宗之”这一局面的形成，说明张载关学学派发展进入了繁荣期。与此类似，程颐也描述过张载居乡讲学，学者远道而至的盛况：“(张载）所居之乡，学者不远千里而至，愿一识

①吕大临《横渠先生行状》，《张载集》，第382页。

其面，一闻其言，以为楷模。”[①]

张载讲学（1066 年）“多教人以德”，希望学者能“少置意科举，相从于尧舜之域”。退居横渠之后，“与诸生讲学，每告以知礼成性、变化气质之道，学必如圣人而后已”，指出“知人而不知天，求为贤人而不求为圣人，此秦汉以来学者大弊也。”[②]张载讲学授徒，致力于为社会培养有实干能力的贤才，外可以御敌，内可以兴邦，最次也可以治理地方，总体亦是以“太平”为念。

（2）著书立说

“学者潜心略有所得，即志之纸笔，以其易忘，失其良心。若所得是，充大之以养其心，立数千题，旋注释，常改之，改得一字即是进得一字。始作文字，须当多其词以包罗意思。”[③]张载并不以撰写专门的经学注释著作为目的，他研读经典是为了探求其中所蕴含的天地之道、道学本源。张载解儒家经典都强调自出义理。他认为，

①程颐：《河南程氏文集》卷七《回礼部取问状》，《二程集》，北京：中华书局，1981 年，第 564-565 页。

②吕大临：《横渠先生行状》，《张载集》，第 382 页。

③张载：《拾遗·性理拾遗》，《张载集》，第 275 页。

“此道自孟子后千有余岁，今日复有知者。若此道天不欲明，则不使今日人有知者，既使人知之，似有复明之理。志于道者，能自出义理，则是成器。”①又告诫学者“当自立说以明性，不可遗言附会解之”，并举孟子“不成章不达”和“四体不言而喻”为说，认为“此非孔子曾言而孟子言之，此是心解也。”②因此，就实质体例而言，张载著作如《正蒙》《尉缭子注》、“诸经说”、《经学理窟》、《张子语录》及文集等多是其历年读书论学札记、文字的汇编。

从“诸经说”、《经学理窟》到《正蒙》，可以认为：作为张载的核心哲学著作、集中体现其哲学观点与思想体系的《正蒙》，是张载真正着力的著作，形成于他50岁以后归居横渠的时间。包括“诸经说”、《经学理窟》在内的所有早中期著作，都可以视作张载创作《正蒙》原始资料。《正蒙》的撰著既是张载再思考和再创作的过程，也是张载对旧著的整理和选用。张载精心拣选，又以数年精思熟虑和多方实践，熙宁九年授全稿于弟子，后由

①张载：《拾遗·性理拾遗》，《张载集》，第274页。
②张载：《拾遗·性理拾遗》，《张载集》，第275页。

苏昞依照《论语》《孟子》类编为十七篇。[①]

张载著作的演变，可能经过了这样一个过程，即："诸经说"——《经学理窟》——《正蒙》。"诸经说"是其治学早中期的主要文字的类编；《经学理窟》则是其治学中后期主要文字的类编；《正蒙》则是最后的集大成者。当然，这并不妨碍今日所见的"诸经说"和《经学理窟》有张载后期的思想，毕竟对于这些著作的成书及其原貌没有详细的文献记载，对于其版本流传也有很多未知和猜测性的意见。[②]至于《张子语录》，则并不具有鲜明的特色，可视为对张载其他著作的补遗。总之，真正意义上张载所著之书只有《正蒙》，其所立说也尽在于此，其中蕴藏着张载"立心""立命""继绝学""开太平"志趣下的儒学理论体系与三代实践经验。[③]

①刘泉：《〈正蒙〉宋元版本及注本考》，《张载著作考论与思想研究》，北京：九州出版社，2016年，第3-20页。

②"诸经说"和《经学理窟》可能是张载遗著，由弟子进行了整理，或者是弟子收集编纂而成，目前缺乏详实的文献资料。本文所论也只是一种猜测性论断。

③与《正蒙》在张载思想中的地位相比较而言，其门弟子所撰《蓝田吕氏乡约》无疑也十分重要，在一定程度上是《正蒙》中理念的具体化、实践化。参见李蕉：《张载政治思想述论》，第116-121页。

结语：学归孔孟　志求太平

从研读作为始学之书的《中庸》开始，途径释老与六经的迷茫与求索，到“尽弃异学”“专以圣人之言为学”[1]的孔孟圣学的终极归属的二十年间，张载“每观（《中庸》）每有义，已长得一格。六经循环，年欲一观。”[2]他五十岁时总结自己的学术生涯说：“某学来三十年，自来作文字说义理无限，其有是者皆只是亿则屡中。……比岁方似入至其中，知其中是美是善，不肯复出，天下之议论莫能易此。”[3]回顾往昔，张载感叹“学者不可谓少年，自缓便是四十五十。”[4]张载在其近四十年的学术生涯当中，反复研读以“易礼语孟”核心的儒家典籍，学养不断积累，思想不断提升，经过探索期、演进期、成熟期，他对义理的思考已经达到运思精深的境

①张载：《经学理窟·自道》，《张载集》，第 289 页。
②张载：《经学理窟·义理》，《张载集》，第 277 页。
③张载：《经学理窟·自道》，《张载集》，第 288 页。
④张载：《经学理窟·学大原（上）》，《张载集》，第 280 页。

地。[1]同时，他对孔孟所推崇的三代之治也越发自信，主张秉承先王之意以“循先王之迹”，结合北宋当时的现实困境来施行先王之法，希望“纵不能行之天下，犹可验之一乡”。

张载人生境遇的三次转折，将其生命的进程分割为四个阶段。每个阶段的事业和成就各有差异，然而它们之间却隐含着一条一以贯之的脉络。无论是事兵还是治学，无不蕴含着张载强烈的“太平”理念以及所付出的理论探求与生命实践。张载以继承、发扬孔孟绝学为学术担当，以渐复三代为现实抱复，在理论探求与现实实践的双重努力下，致力于他力所能及的“太平”志业。张载人生的三次转折及其所从事的兵、政、学之事业，是包括宋明理学家在内的儒家学者群体性生命志趣的一个缩影；其生命中所彰显的气象与魅力，是对自孔孟以来传统儒家学者圣贤君子人格的极好诠释。

张载等儒家学者的理论创造与政治实践，都是针对其所处的时代而提出和进行的，难免刻印着其时代特性

①林乐昌：《张载理学与文献探研》，北京：人民出版社，2016年，第21-34页。

与局限性。虽然不一定可直接验之于当今社会，但他们在理论创造与现实改革上的这种担当，仍是我们实现中华民族伟大复兴这一历史任务所必需继承与发扬的优良传统。

（刘泉）

张载名言选录

[按] 本节由林乐昌教授根据最新校定的张载著作选录，共计32条，基本体现了张载的核心思想，方便读者藉此进入张载的思想世界。

一、人生理想

1. 成己成物，不失其道。(《正蒙·诚明》)

2. 上达反天理，下达徇人欲者欤！(《正蒙·诚明》)

3. 义命合一存乎理，仁智合一存乎圣，动静合一存乎神，阴阳合一存乎道，性与天道合一存乎诚。(《正蒙·诚明》)

4. 立必俱立，知必周知，爱必兼爱，成不独成。(《正蒙·诚明》)

5. 为天地立心，为生民立命，为往圣继绝学，为万世开太平。(《张子语录》)

二、人生修养

6. 言有教，动有法；昼有为，宵有德；息有养，瞬有存。(《正蒙·有德》)

7. 克己行法为贤，乐己可法为圣。(《正蒙·有德》)

8. 大其心，则能体天下之物。(《正蒙·大心》)

9. 学者先须立人之性，学所以学为人。(《孟子说·告子上》)

10. 刚则守而不回，柔则入而不立。(《孟子说·公孙丑上》)

11. 文则要密查，心则要洪放。(《经学理窟·礼乐》)

12. 心大则百物皆通，心小则百物皆病。(《经学理窟·气质》)

13. 立本处以易简为是，接物处以时中为是。(《经学理窟·气质》)

14. 合内外，平物我，自见道之大端。(《经学理窟·义理》)

15.学者恶其自足，足则不复进。(《经学理窟·气质》)

16. 学贵心悟，守旧无功。(《经学理窟·义理》)

17.为学大益，在自求变化气质。(《经学理窟·义理》)

18. 心解则求义自明，不必字字相校。(《经学理窟·义理》)

19. 人若志趣不远，心不在焉，虽学无成。(《经学理窟·义理》)

三、治国理政

20. 知序然后经正，知秩然后礼行。(《正蒙·动物》)

21. 贤才出，国将昌；子孙才，族将大。(《正蒙·动物》)

22. 为政不以德，人不附且劳。(《正蒙·有司》)

23. 为政者在乎足民。(《正蒙·有司》)

四、为人处事

24. 君子教人，举天理以示之而已。(《正蒙·诚明》)

25. 仁人孝子所以事天诚身，不过不已于仁孝而已。

(《正蒙·诚明》)

26. 以爱己之心爱人则尽仁。(《正蒙·中正》)

27. 上达则乐天，乐天则不怨；下学则治己，治己则无尤。(《正蒙·至当》)

28. 天下有道，身随首出；天下无道，身随首屈。(《正蒙·有德》)

附录一 诗句：

29. 圣心难用浅心求，圣学须专礼法修。(《圣心》)

30. 芭蕉心尽展新枝，新卷新心暗已随。愿学新心养新德，旋随新叶起新知。(《芭蕉》)

附录二 《西铭》：

31. 乾称父，坤称母；余兹藐焉，乃混然中处。故天地之塞，吾其体；天地之帅，吾其性。民，吾同胞；物，吾与也。大君，吾父母宗子也；其大臣，宗子之家相也。尊高年，所以长其长；慈孤弱，所以幼其幼。圣，其合德；贤，其秀也。凡天下疲癃残疾、惸独鳏寡，吾兄弟之颠连而无告者也。“于时保之”，子之翼也；乐且不忧，纯乎孝也。违曰悖德，害仁曰贼，济恶者不才。其践形，惟肖者也。知化，则善述其事；穷神，则善继其志。不愧屋漏为无忝，存心养性为匪懈。恶旨酒，崇伯子之顾养；育英才，颍封人之锡类。不弛劳而底豫，舜其功也。无所逃而待烹，申生其恭也。体其孝而归全者，参乎!勇于从而顺令者，伯奇也。富贵福泽，将厚吾之生也；贫贱忧戚，庸玉汝于成也。存，吾顺事；没，吾宁也。(《正蒙·乾称篇》)

附录三　《东铭》:

31. 戏言，出于思也；戏动，作于谋也。发于声，见乎四支，谓非己心，不明也；欲人无己疑，不能也。过言，非心也；过动，非诚也。失于声，缪迷其四体，谓己当然，自诬也；欲他人己从，诬人也。惑者以出于心者归咎为己戏，失于思者自诬为己诚。不知戒其出汝者，归咎其不出汝者，长傲且遂非，不智孰甚焉!(《正蒙二·乾称篇》)

《西铭》意译

无形无体的天地如同我们的父亲、母亲，我们居住在天地父母的怀抱中。天地之气构成我们的身体，天地精神成就我们的本性。所有人都是我们的同胞，所有物都是我们的伙伴。君主如同天地的长子，大臣就像管家。尊重长辈就应该尊敬天下所有的年长者，怜爱孤弱就应该关怀天下所有的弱小者。圣人是我们中间品德行为最善于效法天地的人，贤者是我们中间德行才能优秀的人。

同胞中或衰老、或残疾、或孤独无依靠的人，都是我们困苦无助的兄弟，及时保护他们是人人都应该做的。不帮助有困苦之人是违背道德的，伤害仁德的叫贼人，助人为恶者不配做人。懂得天地德性的人，善于继承天地的意志。心地光明，毫无邪念，就不愧于生养之恩的父母；守护本心，养育本性，就是持续追求与天德合一的表现。

禹讨厌美酒是为了养护本性，颍考叔有培育英才之志，才以至纯心灵把孝行带给同胞。不懈怠地勤奋事亲而使父母幸福，这是舜的功劳。宁愿被赐死而不逃走，体现了申生无比的孝顺。守护精神圆满而放弃父母给予的肉身生命，曾参做到了。为尽孝而勇于遵从父亲错误命令的是孝子伯奇。承受先人的恩泽而富贵，是天地对我们的厚待，驱使我们更加努力向善；贫贱忧愁是天地对我们的考验，促使我们奋发有为，不断进步，成就人格。活着，我们就顺应天地事理；死了，我们也会无愧于天地父母而心安理得。

《东铭》意译

凡是戏虐的言语，都是出于人的思虑；戏虐的举动，都是源于自身的谋划。发出声音的言论，表现在四肢的行动，却认为不是自己的心意，这是不明智的人。想要他人不怀疑自己，这也是不可能的。过度而不合宜的言论，本来就不是发自于本心；过分而不恰当的行为，本来就不是根源于诚意。但既然已经在言论上有过失，在行为上出现错误昏乱，却还坚称自己本来便应如此，这就是在诬赖自己。如果还想要别人同意顺从，就是在诬赖他人。或许有人把出自于有心的过失，归咎于是自己一时的戏虐语，把缺乏思考的无心之过，当作是一种诚心的表现，这都是错误的。这样只会使自己不知警惕那些出自于自己的过失，反而把过错都归咎在真诚的本心上，如此只会变得更加傲慢而流于不善，还有什么比这更不明知的！

关学知识问答

[按] 本节筛选了76则关学基础知识，以问答的方式呈现给读者。通过本节的阅读，读者可以对关学的基本情况有所了解。如果还想进一步学习，可参考本书最后一节的“关学基本文献书目”，进行阅读。

1. 关学是什么？

关学是中国古代哲学的重要组成部分，是儒学发展到理学阶段的重要形态，在中国思想史、哲学史中占有重要地位。关学由北宋关中著名儒家学者张载开宗立派，存续流变于元明清各代。

2. 关学有几个发展阶段？

关学有三个发展阶段：开创于北宋，多元发展于明代，在清代完成近代转型。

3. 关学的代表人物有哪些?

关学最具代表性的人物有三十余名，包括：张载（1020—1077）、吕大忠（1025—1100）、吕大钧（1031—1082）、吕大临（1040—1093）、吕柟（1479—1542）、马理（1474—1555）、韩邦奇（1479—1555）、冯从吾（1557—1627）、王徵（1571—1644）、李颙（1627—1705）、王心敬（1656—1738）、刘光蕡（1843—1903）等。

4. 关学的主要著作有哪些?

张载流传下来的主要著作有《正蒙》《经学理窟》《张子语录》等，此外明代有刘玑《正蒙会稿》、韩邦奇《正蒙拾遗》、吕柟《泾野子内编》、冯从吾《关学编》，清代李颙《二曲集》等。当代有一批关学学者编成《关学文库》丛书，对上起于北宋，下迄于清末民初，绵延八百余年的关学的基本文献资料进行整理与研究。

5. 关学与理学、儒学的关系是什么?

理学是儒学发展的新形态与新阶段，也被称为新儒学，关学是理学的重要组成部分。宋代理学在《元史》中被概括为“濂洛关闽”四大派别，分别指周敦颐创立的“濂学”，程颢、程颐创立的“洛学”，张载创立的“关学”，以及以朱熹为代表的“闽学”。

6. 关学的核心内容有哪些?

关学在800年传承衍变过程中，学术观点屡有变化，但也有前后一贯的核心内容：第一，以“天道论”为核心的理学建构；第二，道学与政术相统一的政治主张；第三，知礼成性、变化气质的道德修养方法；第四，“以礼为教”的社会教化系统；第五，关心民生、多方营画的经世致用作风。

7. 关学是如何开端的?

北宋著名思想家、哲学家、宋明理学的奠基者之一张载，长期在陕西关中讲学，以他为核心，形成了“关学”这个具有独特学术旨趣和风格的思想流派。

8. 张载的生卒年是何时?

宋真宗天禧四年（1020年），张载生于陕西长安，卒于宋神宗熙宁十年（1077年）。

9. 张载名字从何而来?

张载字子厚，与其名“载”同源于《周易》的《坤卦·象传》：“地势坤，君子以厚德载物。”这句话是说，君子要仿效大地的安定辽阔，以其宽厚的美德，承载万物。张载长期在陕西眉县横渠镇生活、讲学、著书，又被人称为横渠先生。

10. 张载是为何留到眉县横渠镇的?

张载原籍河南大梁（今河南开封），在他 15 岁的时候，送父亲张迪的灵柩返乡，行至眉县横渠，因路资不足，加之前方发生战乱，遂将父安葬于横渠南大镇谷迷狐岭上，并在墓地不远的大镇谷口置地 300 亩，全家定居于此，数年后迁至北边的横渠村。

11. 张载及其家人在朝廷的任职情况是什么样的?

张载官至同知太常礼院。张载曾祖张璲官至濠州（今安徽凤阳）刺史；张载祖父张复官至侍郎同平章事；张载父亲张迪官至殿中丞，后任涪州（今重庆涪陵）知州；张载弟弟张戬官至监察御史里行。

12. 张载是如何走上学习儒学的道路的?

少年张载喜欢军事，有感于边关忧患，想要保家卫国。他在二十一岁时以《边议》上书范仲淹，范仲淹观其气象宏远，劝勉张载研究儒学，张载听从范仲淹建议，此后果然成为一代大儒。

13. 史料中张载最早的讲学活动在哪里?

史载张载 35 岁左右，受故相文彦博所邀，在长安学宫讲学。这是目前可见的史料记载中张载最早的讲学活动。

14. 张载与程颢、程颐是什么关系？

张载与洛学的代表人物程颢、程颐曾有过密切的学术交往，彼此在学术思想上相互产生影响。张载在京师讲《易》时，曾与二程终日切磋学问。同时，张载也是二程的表叔，其学术与人品非常受二程敬重。

15. 关于张载在京师设虎皮椅讲《易》有什么故事？

宋仁宗嘉祐元年（1056 年），张载在京师汴梁设虎皮椅讲《易》，与前来听讲的程颢、程颐兄弟讨论《易》及道学之要。通过探讨，张载对自己的为学之道更加坚信，同时也认为二程对《易》的理解更为深刻，于是撤座罢讲。

16. 张载同榜进士有哪些历史名人？

嘉祐二年（1057 年），38 岁的张载考中进士。这一年的进士榜是历史有名的“龙虎榜”，由欧阳修担任主考，诸多历史名人如章衡、苏轼、苏辙、程颢、吕大钧、曾巩、曾布、吕惠卿、章惇、王韶等皆榜上有名。

17. 张载第一次面圣阐述了什么内容？

宋神宗熙宁二年（1069 年），宋神宗召张载觐见，并询问治理天下之道，张载答复道，为政当法夏商周三代之治，得到宋神宗的赞赏。

18. 张载在横渠镇试验了什么土地制度?

宋神宗熙宁三年（1070年），张载归居横渠后，买田划井，试验推行井田制，并修筑东西两条井田渠，想以此来解决土地兼并导致的农民无土地的问题。虽然在张载去世后，井田实验未能坚持下去，但这却是他实践“为万世开太平”伟大理想的一次重要努力。

19. 张载人生的几次转折点是什么?

张载人生有三次转向。第一次在他21岁时听从范仲淹的建议学习儒学；第二次他38岁时中进士，从此走上仕途；第三次是他51岁时辞去官职，回到横渠镇潜心学术、讲学著书。

20. 宋宁宗给张载定的谥号是什么?

宋宁宗嘉定十六年（1223年），张载被赐谥“献”。

21. 宋理宗追封张载什么号?

宋理宗淳祐元年（1241年），张载被追封为“眉伯”，并从祀太学与孔庙。

22. 张载手植柏种在哪里?

张载亲手所植柏树植于陕西眉县横渠书院内。

23. 张载祠建于何时?

元泰定帝泰定三年（1326年），在眉县修建横渠书院并设张载祠。

24. 张载的平生志向体现在哪四句？

为天地立心，为生民立命，为往圣继绝学，为万世开太平。

25. “为天地立心”是什么意思？

关于张载“为天地立心”，学界有两种解释，其一认为天地没有心，但人有心，因而人的心就是“天地之心”；“为天地立心”就是把人的思维能力发展到极限，使物质世界的事物和规律得到人的思维的最高理解。另一种解释认为张载的最大关怀是为理想的社会秩序奠定永恒的精神基础，他认为天地本就是有心的，“天地之心”是作为创生万物的根本性能或宇宙根源性力量，这一“生物之心”不需人来立；而张载“为天地立心”的“心”，指的是人的道德精神价值，他希望通过“为天地立心”来为国家、社会建立仁、孝、礼等道德价值系统。

26. “为生民立命”是什么意思？

张载“为生民立命”解决的是个人的“安身立命”的问题。在他看来，富贵等世俗之命的实现要受制于人无法控制的因素，而道义、伦理等价值是超脱于世俗层面的“命”之上的。“为生民立命”便是教育民众，使他们自觉地对自己的命运方向做出选择，通过自己的道德努力掌控自己的命运。

27.“为往圣继绝学”是什么意思？

这里的“绝学”是指学统一度中断的儒家之学。张载所说“为往圣继绝学”便是要恢复儒家之学。

28.“为万世开太平”的含义是什么？

“太平”是儒家的社会政治社会理想，包括社会秩序的安定、人文信仰的建立等。张载所说“为万世开太平”，是要把“道学”作为天下太平基业的哲理基础。

29.“四为句”在当代有什么价值意义？

首先，张载的“四为句”是对知识分子使命的高度概括，他要求知识分子提高自己的道德情操和精神境界，为人们提供一个正确的世界观、人生观、文化观和社会观。其次，张载“四为句”并非空洞地追求目标，而是要求知识分子通过治学、教学和实践，实实在在开辟通过太平盛世的道路。

30. 张载的“天人合一”学说有什么内容？

张载是历史上第一个明确提出“天人合一”这一思想命题的哲学家。他在《正蒙·乾称篇》中说：“儒者则因明致诚，因诚致明，故天人合一。”张载“天人合一”

思想是张载天人之学体系的总体性命题，既包括了对宇宙自然秩序与人类社会秩序统一的诉求，强调人应当以“并立乎天地”的平等精神参与自然生成过程；也表现为人伦道德意义与自然生态意义之间的交织，强调人与自然之间应当成为互相依赖、和解共生的伙伴关系。

31. 张载哲学的思想纲领是哪四句？

张载哲学的四句思想纲领是：“由太虚有天之名，由气化有道之名，合虚与气有性之名，合性与知觉有心之名”。

32. 张载哲学中有哪些重要的概念范畴？

张载关学思想体系，有天道论和心性论两大层面，其中包括天、道、性、心、礼、太虚、太和、气、天地之性、气质之性、德性之知、闻见之知等重要概念范畴。

33. 张载哲学中的“天”有什么含义？

张载恢复了传统儒学以超越之“天”作为世界本原的概念，将“天”定义为宇宙自然及社会价值的本原，是宇宙间一切存在物的终级根源。

34. 张载哲学中的“道”有什么含义？

张载哲学中的“道”是宇宙生成、阴阳之气互动、构成宇宙万物生成的动力、过程及其秩序。

35. 张载哲学中的“性”有什么含义？

张载哲学中的“性”是包括人类在内的万物成生的共同根源，分为“天地之性”和“气质之性”。其中根源于太虚的本性叫作“天地之性”，是根源性的善；而人禀气而成形之后，会出现“刚柔、缓急，有才与不才”等现象。这种影响“天地之性”的“气之偏”就是“气质之性”。

36. 张载哲学中的“心”有什么含义？

张载说“心”是道德意识和认识能力的统一，既有认知的意义，也有价值论的意味。如果离开性善讲认识能力，就可能沦为动物的“感觉”；如果离开认识能力讲性善，人性也就不成其为人性。

37. 张载哲学中的“礼”有什么含义？

张载哲学中，“礼”隐含于天、道、性、心这四个基本范畴系统中，是道在社会生活中的制度性或操作性的要求。张载的礼学结构大体上分为三个层面：其一，成德践行之礼，指个体的“行礼”实践；其二，社会教化之礼，指活动中的常行礼仪；其三，养民治国之礼，指国家政治的运行机制。

38. 张载哲学中的“太虚”有什么含义?

太虚是万物的本原、世界价值的根据。它与经验世界的“气”共同构成和化生万物、体现万物的本性。

39. 张载哲学中的“太和”有什么含义?

张载哲学中的“太和”指太虚之气的和谐状态，因为这种和谐是宇宙的最高和谐，也是宇宙间一切万物和谐的根源，所以称为“太和”。

40. 张载哲学中的“气”有什么含义?

“气”是张载哲学中的重要范畴，学界有一种观点认为“气”是张载哲学的核心概念，是世间万物的本源、本体；而另一种观点认为，“气”是“道”的载体，为万物的生成和存在提供不可或缺的素材和活力，“气”与“太虚”相感相合，构成了生生不息的宇宙变化。

41. 张载所说“太虚即气”是什么意思?

学界对张载所说“太虚即气”有两种认识。第一种观点认为，“太虚”就是“气”；另一种观点认为，张载说“太虚即气”，“即”作“相即”“不离”解，太虚是形而上的本体，与形而下的气为体用不离的关系。

42. 张载的宇宙论是什么内容?

张载的宇宙论有两层结构，分别是“太虚无形，气之本体”的宇宙本体论与“太虚即气”的宇宙生成论。

43. 张载的“变化气质”是什么？

人通过反省自己，以德制气、以理制欲，克服“恶”，从而返回本原，达成人性本原，这个过程就是“变化气质”。

44. 张载的“成性”是什么？

张载所谓“成性”是指通过一定道德修为方法对人性加以调整和转变使之达以完成。成性有三个阶段，分别是学者阶段、大人阶段、圣人阶段。

45. 学者阶段的成性目标和途径是什么？

在学者阶段，“成性”的目标是“成己”，即养成纯然至善的德性。要在通晓“礼”的渊源、内容后，付诸于行，守礼、持礼，然后将外在的规范内化为自己的道德意识，德性得到礼的滋养。

46. 大人阶段的成性目标是什么？

在大人阶段的人已经能超出“成己”的范围，扩大到其他人与物，即“成人”。

47. 圣人阶段的境界是什么样的？

圣人已经到了“位天德”“至诚”的境界，却依然要以“知礼成性”为工夫，与学者、大人不同的是，圣人可以“不思不勉，从容中礼”。

48. 张载的认识论是什么内容?

张载认为，认识的产生是“内外合”的过程，即主客观结合，所以必须有“闻”和“见”的感性活动；同时，张载提出价值领域的“德性之知”，与天道相通。

49. 张载的政治主张有哪些?

张载的政治主张以“回复三代之治”为主干，由三个部分组成：恢复井田、重建封建、推行宗法，三者均依《周礼》而定。

50. 张载的宗法思想有什么内容?

张载对宗法制相当推崇，并用宗法关系整理宇宙秩序：他认为人皆是天地之子，而君主是宗子（嫡长子），大臣是协助宗子其管理天地之业的“家相”；同时，人民皆是同胞兄弟，万物与人俱是同伴。

51. 张载有什么样的生死观?

张载的生死观可以用《西铭》中“存吾顺事，没吾宁也”八个字来总结。他认为，生死不过气之聚散，在最终的意义上，生无所得，死也无所失。虽然如此，人面对生死不是听其自然，而应该像儒家所教诲的那样有道德地去生活，顺乎人事、世事，按照儒家的道德规范处理好各种事务；在面对死亡则能安然接受、坦然面对，而不是惴惴不安、惊慌失措。

52.《正蒙》是怎样一本著作?

《正蒙》是张载著作中最为重要的一本，其中有 17 篇文章，全面阐述了张载的哲学思想。《蒙》是《周易》的一个卦名，该卦彖辞中有“蒙以养正”一语，意即从蒙童起就应加以培养，书名即由此而来。

53. 张载最著名的两篇文章是什么?

张载最著名的两篇文章名曰《贬愚》《订顽》，后因书于学堂的东、西窗上，改名为《东铭》《西铭》。

54.《西铭》的主要内容是什么?

《西铭》基于宇宙根源的仁、孝伦理原则和伦理义务，阐述了以“乾坤”大父母为表征的宇宙根源论，以“仁孝”为核心的道德价值论，以“仁人孝子”“事天诚身”为担当的伦理义务论和伦理责任论。

55.《西铭》阐述了什么样的仁爱观?

张载在《西铭》中把人和万物所生存于其中的宇宙视作一个大家庭，一切人或物都是这个大家庭的平等成员，把“天”视作仁爱的根源，为平等之爱提供了深层的、终极的哲理根据；同时，他也不否认血亲之爱，认为从宇宙、天道的层面来说，人应该奉行“无差等”的

“兼爱”，而从社会、政治的层面来说，人应该实行“有差等”的“仁爱”。

56.《西铭》中“民胞物与”有什么含义？

张载在《西铭》中提出，人与人、人与物都有共同的本原，所以人与人是同胞关系，人与物是朋友关系，即“民胞物与”。

57. 张载的《芭蕉诗》具体是什么内容？

张载有一首诗名为《芭蕉诗》，诗曰：

芭蕉心尽展新枝，新卷新心暗已随。

愿学新心养新德，旋随新叶起新枝。

这首诗通过描述芭蕉的生长过程，来传达一种人要像芭蕉生发新枝一样，不断滋养自己的德性，培育新的精神。

58. 张载的“六有”什么内容？

张载曾在勉县武侯祠拜谒后题言：“言有教，动有法，昼有为，宵有得，息有养，瞬有存。”这“六有”的意思是说话有教益，举动有章法，白天能有所作为，晚上能有所得，休息时必须保养身体与气质，在瞬息之间也不能放心外驰，免受不良影响，时时刻刻都有所存养。

59. 张载重要的门人有哪些？

张载门人众多，较大影响的有吕大忠、吕大钧、吕大临、游师雄、种师道、苏昞、范育、李复等人。

60.《吕氏乡约》与关学的关系是什么？

《吕氏乡约》，在北宋神宗熙宁九年（1076 年）制订实施，是中国历史上第一部成文的村规民约，在关中创建了中国最早的乡村自治制度。《吕氏乡约》由张载指导门人吕大钧兄弟所编，体现了关学经世致用、躬行礼教的关学精神。

61.《吕氏乡约》主要有什么内容？有哪些重要影响？

《吕氏乡约》主要有四个德目，分别是：德业相劝、过失相规、礼俗相交、患难相恤。

南宋朱熹（1130—1200）于淳熙乙未年（1175 年）对《吕氏乡约》进行了增损修订，形成《增损吕氏乡约》。明代王阳明（1472—1529）在江西南赣地区制定和推行《南赣乡约》。明代吕柟（1479—1542）以《吕氏乡约》为范本并参考仇氏《雄山乡约》，在解州制订和推行《解州乡约》。明代吕坤（1536—1618）将乡约与保甲制度相结合，制订成《乡甲约》。

62. 元朝有哪些重要的关学人物？

杨奂（字焕然，1186—1255）、杨恭懿（字元甫，1225—1294）、萧𣂏（字维斗，1241—1318）、同恕（字宽甫，1254-1331）。

63. 明朝有哪些重要的关学人物？

王恕（字宗贯，1416—1508）、王承裕（字天宇，1465—1538）、马理（字伯循，1474—1555）、韩邦奇（字汝节，1479—1555）、杨爵（字伯修，1493—1549）、薛敬之（字显思，1435-1508）、吕柟（字仲木，1479—1542）、南大吉（字元善，1487-1541）、冯从吾（字仲好，1557—1627）、王徵（字良甫，1571—1644）、张舜典（字舜典，生卒不详）、王弘撰（字无异，1622—1702）。

64. 清朝有哪些重要的关学人物？

李颙（字中孚，1627—1705）、王建常（字仲复，1615—1701）、李柏（字雪木，1630—1700）、李因笃（字天生，1631-1692）、王心敬（字尔缉，1656—1738）、杨屾（字双山，1688—1785）李元春（字仲仁，1769—1854）、贺瑞麟（字角生，1824—1893）、刘光蕡（字焕堂，1843—1903）、牛兆濂（字梦周，1867—1937）。

65. 小说《白鹿原》中朱先生的原型是谁？

小说《白鹿原》中朱先生的原型是清末关中大儒牛兆濂（1867—1937，字梦周），著有《吕氏遗书辑略》《芸阁礼记传》《近思录类编》等。

66. 毛泽东如何看张载？

毛泽东外出视察总要带上一批他想读或常读的书籍，这批书目的书单仿佛是毛泽东的“精神地图”，《张子全书》便在这份书单之中。

67. 连战何时引用过张载的话？

2005 年，原中国国民党主席连战访问大陆，在北大发表演讲时，提到了“为民族立生命，为万世开太平”，与年轻学子共勉。

68. 国务院前总理温家宝如何看待张载思想？

2003 年 12 月 10 日，温家宝在美国哈佛大学发表题为“把目光投向中国”的演讲。在演讲中，温总理引述宋代张载所言“为天地立心，为生民立命，为往圣继绝学，为万世开太平”来表达中国的文明姿态。

2006 年 11 月 13 日，温家宝在参加中国文联第八次全国代表大会、中国作协第七次全国代表大会时说到，英国《泰晤士报》记者曾经问他：“你晚上经常读什么书？

掩卷以后，什么事情让你难以入睡？这个问题回答起来很困难。”温家宝引用了六段文字来回答他的问题，其中第四段是张载的四为：“为天地立心，为生民立命，为往圣继绝学，为万世开太平”。

2007 年 4 月 13 日，温家宝在日本京都立命馆大学对学生讲“立命”时讲到了张载的“四为”思想。宋朝的张载说“为天地立心，为生民立命，为往圣继绝学，为天下开太平”。为生民立命就是要把自己贡献给天下人，为天下开太平，就是要把整个世界变成一个和谐的世界。

69. 国家主席习近平如何看待张载？

2016 年 4 月 26 日，习近平总书记在知识分子、劳动模范、青年代表座谈会上的讲话中指出，我国知识分子历来有浓厚的家国情怀，有强烈的社会责任感，“修身齐家治国平天下”“为天地立心、为生民立命、为往圣继绝学、为万世开太平”“先天下之忧而忧，后天下之乐而乐”，这些思想为一代又一代知识分子所尊崇。

2016 年 5 月 17 日，习近平在哲学社会科学工作座谈会上的讲话中又指出，自古以来，我国知识分子就有“为天地立心，为生民立命，为往圣继绝学，为万世开太平”的志向和传统，一切有理想、有抱负的哲学社会科学工作者都应该立时代之潮头、通古今之变化、发思想之先声，积极为党和人民述学立论、建言献策，担负起历史赋予的光荣使命。

2016 年 10 月 21 日上午 10 时，在纪念红军长征胜利 80 周年大会上的发言中，习近平引用张载的《正蒙·乾称篇》中“富贵福泽，将厚吾之生也；贫贱忧戚，庸玉汝于成也。”他说：“同志们！‘艰难困苦，玉汝于成。’长征历时之长、规模之大、行程之远、环境之险恶、战斗之惨烈，在中国历史上是绝无仅有的，在世界战争史乃至人类文明史上也是极为罕见的。”

2017 年 12 月 1 日，习近平在中国共产党与世界政党高层对话会上的主旨讲话——《携手建设更加美好的世界》，引用了张载《西铭》中的“民胞物与”思想。他认为：中华民族历来讲求“天下一家”，主张民胞物与，协和万邦，天下大同，憧憬“大道之行，天下为公”的美好世界。

70. 英国陆军元帅蒙哥马利将军如何评价张载？

1960 年，英国陆军元帅蒙哥马利将军访问西安时，对陪同他的周恩来总理说：“横渠先生所创唯物主义，比笛卡尔早了 500 多年，世界唯物主义哲学之父，张横渠当之无愧。”

71. 张载墓何时被设为文物保护单位?

张载墓在1992年被陕西省人民政府公布为省级重点文物保护单位。

72. 张载祠何时被设为文物保护单位?

1985年，眉县人民政府成立张载祠文物管理所。

1990年，眉县人民政府重修张载祠，恢复横渠书院名称。

1992年，被陕西省人民政府列为省级重点文物保护单位。

73. 张载祠的“学达性天”匾有什么来历?

康熙二十五年（1686年），清康熙皇帝为表彰张载的学术精神和学术成就，御赐张载祠堂“学达性天”匾额。同时得到这四字匾额的还有周敦颐、程颢、程颐、邵雍、朱熹祠堂及白鹿洞书院、岳麓书院。

74. 关学对后世有哪些影响?

关学作为一个学术思想流派，在学术思想上为中华民族的理论思维做出了突出贡献；其中蕴含的崇高使命和担当精神、独创精神、道德理想、人格追求、求实精神、不收门户的学术态度，都有着重大的现实意义和宝贵价值。

75. 1949 年以后重要的关学学术著作有哪些？

1949 年以后，重要的关学学术著作主要有：张岱年《张载：十一世纪中国唯物主义哲学家》，姜国柱《张载的哲学思想》，陈俊民《张载哲学及关学学派》《张载关学导论》，陕西省哲学学会编《气化之道——张载哲学新论》，龚杰《张载评传》，丁为祥《虚气相即：张载哲学体系及其定位》，胡元玲《张载易学与道学：以〈横渠易说〉及〈正蒙〉为主之探讨》，陈政扬《张载思想的哲学诠释》，葛艾儒《张载的思想》，林乐昌《正蒙合校集释》、《张载理学与文献探研》等，此外有一批学者编成《关学文库》丛书，对关学的基本文献进行了整理与研究。

76. 当代关学研究主要有哪些流派？

当代关学研究主要有三个流派。第一，从 20 世纪 50 年代初至 70 年代末，张载哲学研究的主流是将张载哲学的性质归于“唯物论”，将“气”作为张载哲学中的第一概念，持此论者以张岱年为代表；第二，侯外庐、姜国柱等学者以“二元论”为张载哲学定性，认为张载将“气”作为万物根源，同时将“心”“性”作为万物之源；第三，90 年代以后，学界对张载的研究呈现多样化，对张载哲学的性质进行反思的同时，又在张载的易学、理观、心学、性命之学、礼学、政治哲学、知识论等方面提出了许多新课题。

（刘泉　杜林杰）

关学大事记

[按] 本节参照《关学学术编年》整理而成，如欲了解详细内容，请参阅其书相关文字。

宋（960—1279）

宋真宗天禧四年庚申（1020年）

张载生

宋仁宗天圣三年乙丑（1025年）

吕大忠生

宋仁宗天圣五年丁卯（1027年）

吕大防生

宋仁宗天圣八年庚午（1030年）

张戬生

宋仁宗天圣九年辛未（1031年）

吕大钧生

宋仁宗景祐四年丁丑（1037年）

张载与邠人焦寅交游

宋仁宗宝元元年戊寅（1038年）

游师雄生

宋仁宗康定元年庚辰（1040年）

张载以《边议》谒范仲淹，范仲淹劝其读《中庸》

吕大临生

宋仁宗庆历二年壬午（1042年）

张载作《庆州大顺城记》

宋仁宗皇祐元年己丑（1049年）

吕大防登进士第

宋仁宗皇祐二年庚寅（1050年）

刘公彦生

宋仁宗皇祐三年辛卯（1051年）

种师道生

宋仁宗皇祐四年壬辰（1052年）

李复生

游师雄入京兆学

宋仁宗皇祐五年癸巳（1053年）

张戬登进士第

吕大忠登进士第

宋仁宗至和元年甲午（1054年）

苏昞约生于是年

张载讲学长安

约于此时，游师雄求学于张载

宋仁宗嘉祐元年丙申（1056年）

张载在京师讲《周易》，与二程共语道学之要

宋仁宗嘉祐二年丁酉（1057年）

三月，张载、吕大钧同登进士第

吕大钧问学于张载

宋仁宗嘉祐四年己亥（1059年）

张载与程颢论“定性”工夫

宋仁宗嘉祐六年辛丑（1061年）

吕大临登进士第

宋英宗治平二年乙巳（1065年）

张舜民登进士第

游师雄登进士第

宋英宗治平三年丙午（1066 年）

张载讲学京兆郡学

宋英宗治平四年丁未（1067 年）

李复取太学解不赴

宋神宗熙宁元年戊申（1068 年）

张载撰《与蔡帅边事画一》

张载讲学绿野亭

苏昞约在此时从学于张载

吕大临约于此时求学于张载

吕大临作《上横渠先生书（一）》

宋神宗熙宁二年己酉（1069 年）

十一月，张载面见神宗，阐复三代之法

张载外治明州狱案，程颢上书《乞留张载状》

张载与程颐论修养工夫

宋神宗熙宁三年庚戌（1070 年）

三月，张戬上《论新法奏》

四月，张戬被罢监察御史里行

七月，范育推荐张载。张载作《答范巽之书》《并答范巽之》

八月，吕大防详定历法

十月，张载作《真像堂记》

张载归居横渠镇讲学

《西铭》《东铭》成书

张载试验井田

张载《与吕微仲书》约作于此时

李复与张载探讨“宗子之法”

宋神宗熙宁四年辛亥（1071年）

一月，范育、薛昌朝坐劾李定亲丧匿服

宋神宗熙宁六年癸丑（1073年）

约于此时，张载与吕大钧、范育论“保甲法”

宋神宗熙宁九年丙辰（1076年）

三月，张戬卒

三月，吕大临作《张御史行状》

三月，吕大临作《上横渠先生书（二）》

十二月，《吕氏乡约》成书

《正蒙》成书

苏昞约于此时作《正蒙序》

宋神宗熙宁十年丁巳（1077年）

三月，张载同知太常礼院

张载与二程洛阳论学

十二月，张载卒

宋神宗元丰元年戊午（1078年）

一月，程颢作诗悼念张载

一月，司马光作《论谥书》《又哀横渠诗》

三月，张载依“古礼”下葬

吕大防撰《横渠先生墓表》

宋神宗元丰二年己未（1079年）

三月，李复登进士第

七月，刘公彦卒

是年前后，吕大临等人先后入洛师事二程

吕大临《横渠先生行状》现存本撰成

宋神宗元丰三年庚申（1080年）

五月，吕大防组织绘制的《长安图》竣工

八月，吕大防、吕大钧陈三说九宜

吕大临陪同程颐西行至关中雍、华

宋神宗元丰五年壬戌（1082年）

六月，吕大钧卒

七月，吕大防《吕氏周易古经》成书

吕大临撰《凤翔府尹厅题名记》

宋神宗元丰六年癸亥（1083年）

十二月，李复撰《刘师严字序》

宋神宗元丰七年甲子（1084年）

十一月，吕大防《杜工部年谱》《韩文公年谱》成书

宋神宗元丰八年乙丑（1085年）

六月，吕大临作《哀辞》，寄思程颢

宋哲宗元祐元年丙寅（1086年）

吕大临为太学博士

吕大临上《论选举六事》

宋哲宗元祐二年丁卯（1087年）

三月，文彦博举荐吕大临

七月，周行己撰《书吕博士事》

吕大忠重置唐《开成石经》与《石台孝经》碑

宋哲宗元祐三年戊辰（1088年）

八月，游师雄作《骊山图记》

宋哲宗元祐四年己巳（1089年）

二月，吕大防提举修《神宗实录》

十二月，吕大防奏修的《神宗实录》草卷成

十二月，吕大临撰《宋清河县君张氏夫人墓志铭》

宋哲宗元祐五年庚午（1090年）

范育撰《正蒙序》

宋哲宗元祐六年辛未（1091年）

四月，李复撰《易说送尹师闵》

宋哲宗元祐七年壬申（1092年）

二月，吕大临《考古图》撰成

张舜民上《乞追赠张载奏》

宋哲宗元祐八年癸酉（1093年）

约于是年，吕大临撰《代伯兄（吕大忠）荐苏昞状》

吕大临卒

苏轼、秦观作诗挽悼吕大临

周行己作《哭吕与叔四首》

宋哲宗绍圣元年甲戌（1094年）

范育约卒于是年前后

宋哲宗绍圣二年乙亥（1095年）

二月，吕大防因监修《神宗实录》遭贬

宋哲宗绍圣四年丁丑（1097年）

四月，吕大防卒

七月，游师雄卒

宋哲宗元符三年庚辰（1100年）

四月，吕大忠卒

宋徽宗崇宁三年甲申（1104年）

李复上《乞罢造战车》《乞罢造船》二疏

苏昞卒于此年后不久

宋徽宗政和二年壬辰（1112年）

张舜民卒于政和中

宋钦宗靖康元年丙午（1126年）

十月，种师道卒

宋高宗建炎二年戊申（1128年）

李复卒

宋孝宗淳熙七年金世宗大定二十年庚子（1180年）

杨天德生

宋孝宗淳熙十三年金世宗大定二十六年丙午（1186年）

杨奂生

宋宁宗嘉定十六年癸未（1223年）

张载被赐谥“献”

宋理宗宝庆元年金哀宗正大二年乙酉（1225年）

杨恭懿生

宋理宗淳祐元年蒙古太宗十三年辛丑（1241年）

张载被赐谥“眉伯”

萧㪺生

宋理宗宝祐二年蒙古宪宗四年甲寅（1254年）

同恕生

宋理宗宝祐三年蒙古宪宗五年乙卯（1255年）

杨奂卒

宋理宗宝祐六年蒙古宪宗八年戊午（1258年）

十月，杨天德卒

元（1271—1368）

元世祖至元三十一年甲午（1294年）

杨恭懿卒

正学书院约建于此年后不久

元仁宗延祐元年甲寅（1314年）

鲁斋书院兴建

元仁宗延祐五年戊午（1318年）

萧㪺卒

元泰定帝四年丁卯（1327年）

七月，横渠书院重建

元明宗至顺二年辛未（1331年）

同恕卒

明（1368—1644）

明成祖永乐十四年丙申（1416年）

王恕生

明成祖永乐十七年己亥（1419年）

段坚生

明宣宗宣德十年乙卯（1435年）

薛敬之生

明英宗正统元年丙辰（1436年）

李锦生

明英宗正统十年乙丑（1445年）

周蕙从学于段坚

明英宗正统十三年戊辰（1448年）

王恕进士及第

明英宗天顺八年甲申（1464年）

六月，薛瑄卒，其后河东之学渐传关中

明宪宗成化元年乙酉（1465年）

王承裕生

明宪宗成化二年丙戌（1466年）

薛敬之入太学

明宪宗成化四年戊子（1468年）

段坚访周蕙而不遇

明宪宗成化八年壬辰（1472年）

十月，张杰卒

明宪宗成化十年甲午（1474年）

马理生

明宪宗成化十五年己亥（1479年）

四月，吕柟生

韩邦奇生

明宪宗成化二十年甲辰（1484年）

段坚卒

明宪宗成化二十二年丙午（1486年）

薛敬之谒选山西应州知州

李锦卒

王恕致仕

明宪宗成化二十三年丁未（1487年）

南大吉生

明孝宗弘治六年癸丑（1493年）

秋九月，薛敬之《思庵野录》编成

宏道书院兴建

马理受学于王承裕

杨爵生

明武宗弘治八年乙卯（1495年）

张鼎卒

明武宗弘治九年丙辰（1496年）

重建正学书院

吕柟十七岁，入正学书院

薛敬之升浙江金华府同知。撰《金华乡贤志》

明武宗弘治十年丁巳（1497年）

韩邦奇撰成《禹贡详略》

明武宗弘治十二年己未（1499年）

王恕著《石渠意见》等

明武宗弘治十四年辛酉（1501年）

吕柟二十二岁，登乡举

明武宗弘治十五年壬戌（1502年）

吕柟游成均，与马理等讲学宝邛寺（北京）

明孝宗弘治十六年癸亥（1503年）

韩邦奇撰成《启蒙意见》

刘玑《正蒙会稿》（四卷）大约撰成于此时

明孝宗弘治十七年甲子（1504年）

吕柟拜薛敬之为师

明武宗正德三年戊辰（1508年）

二月，薛敬之卒

三月，吕柟进士及第

四月，王恕卒

韩邦奇进士及第

明武宗正德五年庚午（1510年）

吕柟辞官归乡

明武宗正德九年甲戌（1514年）

吕柟应诏言六事

吕柟筑“东郭别墅”讲学，又筑东林书屋而居

马理举进士

明武宗正德十一年丙子（1516年）

韩邦奇遭诬陷下狱，削籍

明武宗正德十二年丁丑（1517年）

吕潜生

明武宗正德十三年戊寅（1518年）

三月，郭郛生

韩邦奇《正蒙拾遗》编成

明武宗正德十五年庚辰（1520年）

杨爵从韩邦奇游，与杨继盛并称“韩门二杨”

明世宗嘉靖元年壬午（1522年）

朝廷因“大礼”而起争端

吕柟复官

明世宗嘉靖二年癸未（1523年）

吕柟力辩扶救正学

明世宗嘉靖三年甲申（1524年）

南大吉知绍兴，正月，从王阳明习良知之学

“大礼”之争又起，七月“百官跪哭左顺门”

十月，南大吉命刻《续刻传习录》

马理等因伏阙争“大礼”下锦衣卫狱，再遭廷杖夺俸

吕柟因言“大礼”不正，被下狱

吕柟于狱中与邹守益论学

吕柟贬谪解州判官，建解梁书院

韩邦奇起山西左参议，平大同之变

明世宗嘉靖四年乙酉（1525年）

正月，王阳明为稽山书院撰《尊经阁记》。是年，南大吉匾莅政之堂为“亲民堂”

附录：《稽山书院尊经阁记》（乙酉）

明世宗嘉靖五年丙戌（1526年）

三月，吕柟刻《周子抄释》《张子抄释》《二程子抄释》于山西解梁书院

四月，王阳明撰《答南元善》

明世宗嘉靖六年丁亥（1527年）

吕柟迁南京吏部考功郎中

吕柟在南方与湛甘泉、邹东廓共主讲席，日讲学不辍

明世宗嘉靖七年戊子（1528年）

王之士生

明世宗嘉靖九年庚寅（1530年）

吕柟与邹东廓论良知与知行

明世宗嘉靖十二年癸巳（1533年）

吕柟《泾野子内篇》刊刻

明世宗嘉靖十六年丁酉（1537年）

吕柟弟子胡大器刻成《十四游记》

明世宗嘉靖十七年戊戌（1538年）

五月，王承裕卒

明世宗嘉靖二十年辛丑（1541年）

秋，南大吉《渭南县志》修成

南大吉卒

二月，杨爵系狱。冬，与钱德洪在狱中以论学共勉

明世宗嘉靖二十一年壬寅（1542年）

四月，樊得仁重刻韩邦奇《性理三解》

七月，吕柟卒

明世宗嘉靖二十三年甲辰（1544年）

韩邦奇总理河道，升刑部右侍郎

明世宗嘉靖二十四年乙巳（1545年）

韩邦奇《易占经纬》辑成

杨爵《周易辨录》撰成

明世宗嘉靖二十八年己酉（1549年）

十月，杨爵卒

韩邦奇“五疏乞归”

明世宗嘉靖三十年辛亥（1551年）

《苑洛集》编成

明世宗嘉靖三十四年乙卯（1555年）

十二月，马理卒

十二月，韩邦奇卒

《苑洛语录》刊刻

明世宗嘉靖三十六年丁巳（1557年）

十一月，冯从吾生

明世宗嘉靖四十四年乙丑（1565年）

冯从吾九岁，始立志为圣贤之学

明穆宗隆庆五年辛未（1571年）

四月，王征生

明神宗万历四年丙子（1576年）

冯从吾弱冠，入太学

明神宗万历六年戊寅（1578年）

六月，吕潜卒

明神宗万历十三年乙酉（1585年）

许孚远督学陕西，讲学正学书院

明神宗万历十七年己丑（1589年）

冯从吾进士及第

十月，雷于霖生

明神宗万历十八年庚寅（1590年）

王之士卒

明神宗万历十九年辛卯（1591年）

十二月，冯从吾上《论劾险佞科臣疏》

明神宗万历二十年壬辰（1592年）

正月，冯从吾上《请修朝政疏》

冯从吾告归

明神宗万历二十二年甲午（1594年）

张舜典中举人

明神宗万历二十三年乙未（1595年）

冯从吾《疑思录》编次完成

冯从吾出任河南道监察御史，不久罢免。是年编成《订士编》

明神宗万历二十四年丙申（1596年）

冯从吾林居讲学，拟定《学会约》与《士戒》

明神宗万历二十五年丁酉（1597年）

冯从吾制《关中士夫会约》

明神宗万历三十二年甲辰（1604年）

许孚远卒，曾为陕西提学副使

明神宗万历三十三年乙巳（1605 年）

六月，郭郛卒

冯从吾与张舜典论学，乃著《辨学录》

明神宗万历三十四年丙午（1606 年）

冯从吾著《关学编》

王化泰生

明神宗万历三十五年丁未（1607 年）

白焕彩生

明神宗万历三十六年戊申（1608 年）

三月，冯从吾讲学于华山。《太华书院会语》辑成

张舜典撰成《致曲言》

明神宗万历三十七年己酉（1609 年）

十月，关中书院创建

明神宗万历三十九年辛亥（1611 年）

十月，冯从吾到池阳谒王恕、王承裕、马理等祠墓

明神宗万历四十年壬子（1612 年）

七月，张舜典建弘仁书院

明神宗万历四十三年乙卯（1615 年）

冯从吾《元儒考略》撰成

冯从吾始修《长安县志》

王建常生

明神宗万历四十六年戊午（1618年）

雷于霖问学冯从吾

明神宗万历四十七年己未（1619年）

雷于霖始研读理学书

明熹宗天启元年辛酉（1621年）

秋，冯从吾与邹元标讲学都门

明熹宗天启二年壬戌（1622年）

秋，邹元标、冯从吾建首善书院

九月，冯从吾上《辩讲学疏》

八月，王宏撰生

明熹宗天启三年癸亥（1623年）

十月，《都门语录》书成

明熹宗天启四年甲子（1624年）

冯从吾起为南京都察院右都御史，病辞不赴

明熹宗天启六年丙寅（1626年）

魏忠贤废天下书院

冯从吾作《七十自寿》诗

关中书院被毁

张舜典约卒于此年前后

明熹宗天启七年丁卯（1627年）

正月，李颙生

二月，冯从吾卒

张舜典约卒于此年后

王征翻译《远西奇器图说录最》

明思宗崇祯三年庚午（1630年）

五月，李柏生

明思宗崇祯四年辛未（1631年）

十一月，李因笃生

明思宗崇祯十六年癸未（1643年）

康乃心生

李颙悟圣学渊源

明思宗崇祯十七年甲申（1644年）

王徵卒

清（1644—1912）

清世祖顺治元年甲申（1644年）

康吕赐生

清世祖顺治二年乙酉（1645年）

七月，王吉相生

李颙研读理学典籍

清世祖顺治三年丙戌（1646年）

李柏绝意科举立志学古人

清世祖顺治九年壬辰（1652年）

李颙阅《道藏》

清世祖顺治十年癸巳（1653年）

李颙阅《释藏》

清世祖顺治十三年丙申（1656年）

二月，王心敬生

李颙《悔过自新说》约于此年撰成

李颙《盩厔答问》录成

清世祖顺治十四年丁酉（1657年）

李颙悟“默坐澄心”之说

雷于霖与汤斌论学

清世祖顺治十五年戊戌（1658年）

雷于霖《柏林集》始刊刻

清圣祖康熙二年癸卯（1663年）

李因笃、王宏撰、李颙与顾炎武订交

清圣祖康熙三年甲辰（1664 年）

重修关中书院

清圣祖康熙四年乙巳（1665 年）

傅山访李因笃

清圣祖康熙五年丙午（1666 年）

三月，王承烈生

六月，刘鸣珂生

王宏撰主讲关中书院

清圣祖康熙六年丁未（1667 年）

七月，雷于霖卒

清圣祖康熙七年戊申（1668 年）

四月，李颙东行讲学

六月，李颙《学髓》录成

清圣祖康熙八年己酉（1669 年）

十月，李颙《体用全学》《读书次第》录成

李颙《观感录》约于此年著成

清圣祖康熙九年庚戌（1670 年）

一月，王宏撰始研读理学书

十月，李颙与李来章“约为兄弟”

十二月，李颙《匡时要务》录成

清圣祖康熙十年辛亥（1671年）

一月，李颙南行讲学

二月，李颙与高世泰论学

王宏撰与孙承泽论学

李颙《传心录》录成

清圣祖康熙十二年癸丑（1673年）

五月，李颙讲学关中书院

清圣祖康熙十四年乙卯（1675年）

八月，李颙移居富平，撰《富平答问》

王宏撰《砥斋集》整理成

清圣祖康熙十五年丙辰（1676年）

十一月，王宏撰《正学隅见述》撰成

清圣祖康熙十六年丁巳（1677年）

九月，王宏撰与李颙论学

清圣祖康熙十七年戊午（1678年）

八月，清廷以博学宏词征召李颙、王宏撰和李因笃

九月，李因笃与颜元论学

王宏撰论“理气”和“动静”

李颙与顾炎武书信论学

李柏探学于佛、道

李颙辑《司牧宝鉴》成

清圣祖康熙十八年己未（1679年）

李因笃与阎若璩论学

清圣祖康熙十九年庚申（1680年）

十月，王心敬师事李颙

王建常与顾炎武书信论丧服礼

清圣祖康熙二十一年壬戌（1682年）

王宏撰《山志》撰成

清圣祖康熙二十二年癸亥（1683年）

李颙《垩室录感》刊刻

王吉相《四书心解》刊刻

清圣祖康熙二十四年乙丑（1685年）

七月，李因笃主讲岐山朝阳书院

清圣祖康熙二十五年丙寅（1686年）

李颙《四书反身录》刊刻

魏象枢书信向李颙问学

清圣祖康熙二十七年戊辰（1688年）

杨屾生

清圣祖康熙二十八年己巳（1689年）

六月，李颙与范鄗鼎书信论学

八月，王吉相卒

十月，李柏与憨休禅师论儒、佛异同

清圣祖康熙二十九年庚午（1690 年）

六月，王建常梦朱子授学

清圣祖康熙三十一年壬申（1692 年）

二月，颜元质疑李颙之学

十一月，李因笃卒

清圣祖康熙三十二年癸酉（1693 年）

王建常《复斋录》约于此年撰成

李颙著《二曲集》刊成

清圣祖康熙三十三年甲戌（1694 年）

王源书信向李颙问学

清圣祖康熙三十四年乙亥（1695 年）

七月，张秉直生

李柏著《槲叶集》刊刻

王建常《复斋余稿》约于此年撰成

清圣祖康熙三十五年丙子（1696 年）

王心敬与康乃心书信论全真教

清圣祖康熙三十六年丁丑（1697 年）

三月，史调生

清圣祖康熙三十九年庚辰（1700年）

七月，李柏卒

清圣祖康熙四十年辛巳（1701年）

王建常卒

清圣祖康熙四十一年壬午（1702年）

王宏撰卒

清圣祖康熙四十二年癸未（1703年）

十一月，康熙帝赐李颙匾及诗

清圣祖康熙四十四年乙酉（1705年）

四月，李颙卒

清圣祖康熙四十五年丙戌（1706年）

八月，孙景烈生

清圣祖康熙四十六年丁亥（1707年）

刘绍攽生

清圣祖康熙四十八年己丑（1709年）

五月，李塨来陕西讲学

王心敬与李塨书信论学

清圣祖康熙五十年辛卯（1711年）

一月，王心敬讲学湖北江汉书院

清圣祖康熙五十三年甲午（1714年）

四月，王心敬讲学江苏紫阳书院

王承烈《日省录》撰成

清圣祖康熙五十五年丙申（1716年）

王心敬著《丰川全集》刊刻

清圣祖康熙五十八年己亥（1719年）

陈世倌问学王心敬

清圣祖康熙六十一年壬寅（1722年）

三月，王巡泰生

王心敬与朱泽沄书信论朱子学

清世宗雍正元年癸卯（1723年）

十一月，王懋竑质疑王心敬之学

王心敬与朱轼书信论治世之道

清世宗雍正四年丙午（1726年）

王心敬续《关学编》成

清世宗雍正五年丁未（1727年）

八月，刘鸣珂卒

清世宗雍正六年戊申（1728年）

方苞书信向王心敬问“经济”之学

清世宗雍正七年己酉（1729年）

十二月，王承烈卒

清世宗雍正八年庚戌（1730年）

张秉直始潜心理学

清世宗雍正九年辛亥（1731年）

康吕赐卒

清世宗雍正十年壬子（1732年）

刘鸣珂《砭身集》约于此年整理成

清世宗雍正十一年癸丑（1733年）

刘绍攽师事王兰生

清高宗乾隆二年丁巳（1737年）

九月，张秉直“点检心意”

史调主讲关中书院

清高宗乾隆三年戊午（1738年）

三月，王心敬卒

清高宗乾隆七年壬戌（1742年）

刘绍攽与张文岚论阳明学

清高宗乾隆八年癸亥（1743年）

孙景烈始主讲关中书院

刘绍攽著《九畹古文》始刊刻

清高宗乾隆九年甲子（1744年）

孙景烈始潜心理学

清高宗乾隆十年乙丑（1745年）

周元鼎约于此年出生

清高宗乾隆十二年丁卯（1747年）

十二月，史调卒

杨屾《知本提纲》撰成

清高宗乾隆十三年戊辰（1748年）

张秉直深悟“主静”说

清高宗乾隆十五年庚午（1750年）

王心敬《丰川续集》刊刻

清高宗乾隆十六年辛未（1751年）

三月，孙景烈与薛韫论朱子学

史调著《史复斋文集》刊刻

清高宗乾隆二十年乙亥（1755年）

张秉直《四书集疏》和《四书集疏附正》撰成

清高宗乾隆二十一年丙子（1756年）

刘绍攽悟佛学“疏漏”

清高宗乾隆二十二年丁丑（1757年）

二月，孙景烈与陈宏谋论“求放心”

张秉直《治平大略》撰成

清高宗乾隆二十五年庚辰（1760 年）

刘绍攽撰《四书凝道录》成

清高宗乾隆二十六年辛巳（1761 年）

九月，张秉直卒

孙景烈论“性命之说”

清高宗乾隆二十七年壬午（1762 年）

孙景烈悟“格物”之说

清高宗乾隆二十八年癸未（1763 年）

刘绍攽著《卫道编》刊刻

清高宗乾隆三十四年己丑（1769 年）

十一月，李元春生

孙景烈《四书讲义》刊刻

清高宗乾隆三十九年甲午（1774 年）

一月，孙景烈论“复初”说

清高宗乾隆四十一年丙申（1776 年）

杨屾撰《修齐直指》成

清高宗乾隆四十三年戊戌（1778 年）

七月，刘绍攽卒

清高宗乾隆四十七年壬寅（1782年）

九月，孙景烈卒

清高宗乾隆四十九年甲辰（1784年）

四月，路德生

清高宗乾隆五十年乙巳（1785年）

杨屾卒

清高宗乾隆五十一年丙午（1786年）

王巡泰《四书日记》整理成

清高宗乾隆五十七年壬子（1792年）

孙景烈著《滋树堂文集》刊刻

清高宗乾隆五十八年癸丑（1793年）

七月，王巡泰卒

十月，张秉直《开知录》整理成

清仁宗嘉庆三年戊午（1798年）

李元春悟“性说”

清仁宗嘉庆八年癸亥（1803年）

周元鼎卒

清仁宗嘉庆二十四年己卯（1819年）

十月，杨树椿生

清宣宗道光四年甲申（1824年）

一月，贺瑞麟生

清宣宗道光七年丁亥（1827年）

十月，祝垲生

李因笃《受祺堂文集》刊刻

清宣宗道光十年庚寅（1830年）

李元春《增订关学编》刊刻

重建宏道书院

李元春编《关中道脉四种书》刊刻

清宣宗道光十一年辛卯（1831年）

四月，柏景伟生

清宣宗道光十五年乙未（1835年）

路德主讲关中书院

清宣宗道光十九年己亥（1839年）

李元春主讲华原书院

清宣宗道光二十年庚子（1840年）

李元春拟上道光帝抗英书

清宣宗道光二十三年癸卯（1843年）

八月，刘光蕡生

清宣宗道光二十七年丁未（1847年）

贺瑞麟问学李元春

清宣宗道光三十年庚戌（1850年）

九月，祝垲讲“格物”之说

清文宗咸丰元年辛亥（1851年）

二月，倭仁访李元春

七月，祝垲与李棠阶论学

十月，祝垲著《卫性五营图说》

路德卒

清文宗咸丰二年壬子（1852年）

一月，祝垲著《诚几德图说》成

三月，贺瑞麟往山西访薛于瑛

清文宗咸丰四年甲寅（1854年）

十一月，李元春卒

贺瑞麟与王会昌书信论科举

清文宗咸丰七年丁巳（1857年）

十二月，祝垲悟“心气之旨”

清文宗咸丰十年庚申（1860年）

周元鼎《汇菊轩文集》刊刻

清穆宗同治元年壬戌（1862 年）

贺瑞麟开始撰写《清麓日记》

清穆宗同治四年乙丑（1865 年）

贺瑞麟主讲学古书院

刘光蕡肄业关中书院

刘蓉延访贺瑞麟

清穆宗同治五年丙寅（1866 年）

十二月，曾国藩向同治帝密荐祝垲

清穆宗同治六年丁卯（1867 年）

九月，牛兆濂生

刘光蕡结交柏景伟

贺瑞麟悟“格物”之说

清穆宗同治九年庚午（1870 年）

八月，贺瑞麟建清麓精舍并聘师讲学

贺瑞麟编《西京清麓丛书》刊刻

清穆宗同治十二年癸酉（1873 年）

十二月，吴大澄拜访贺瑞麟

味经书院创建

清穆宗同治十三年甲戌（1874 年）

九月，杨树椿卒

清德宗光绪元年乙亥（1875年）

二月，贺瑞麟宏道书院演乡约礼并讲书

清德宗光绪二年丙子（1876年）

十一月，祝垲卒

刘光蕡往河北拜谒黄彭年

贺瑞麟与李用清书信论“动静”

清德宗光绪七年辛巳（1881年）

路德《柽华馆文集》刊刻

清德宗光绪九年癸未（1883年）

柏景伟主讲味经书院

贺瑞麟拜访柏景伟

清德宗光绪十年甲申（1884年）

李元春《桐阁文钞》刊刻

清德宗光绪十一年乙酉（1885年）

柏景伟与刘光蕡创立求友斋

黄嗣东延访贺瑞麟

清德宗光绪十三年丁亥（1887年）

二月，贺瑞麟会讲鲁斋书院，并演乡饮酒礼

柏景伟主讲关中书院

刘光蕡主讲味经书院

清德宗光绪十六年庚寅（1890年）

祝垲著《体微斋遗编》刊刻

清德宗光绪十七年辛卯（1891年）

十月，柏景伟卒

李元春《桐阁性理十三论》刊刻

清德宗光绪十八年壬辰（1892年）

贺瑞麟撰成《关学续编》

清德宗光绪十九年癸巳（1893年）

三月，牛兆濂问学贺瑞麟

九月，贺瑞麟卒

杨树椿《损斋全书》刊刻

清德宗光绪二十一年乙未（1895年）

味经书院创设时务斋

刘光蕡《学记臆解》成

清德宗光绪二十二年丙申（1896年）

闰六月，刘光蕡批“耶教”之说

刘光蕡书信向张之洞求教

刘光蕡与梁启超书信论学

清德宗光绪二十三年丁酉（1897年）

十月，崇实书院建成

清德宗光绪二十四年戊戌（1898年）

一月，刘光蕡兼主讲崇实书院

二月，刘光蕡与康有为书信论学

八月，戊戌变法失败，刘光蕡被目为“康党”

清德宗光绪二十五年己亥（1899年）

刘光蕡隐居醴泉烟霞草堂

刘光蕡《孝经本义》撰成

贺瑞麟《清麓文集》刊刻

清德宗光绪二十六年庚子（1900年）

刘光蕡《孟子性善备万物图解》撰成

柏景伟著《沣西草堂文集》刊刻

清德宗光绪二十七年辛丑（1901年）

刘光蕡主张“乡学”救国

刘光蕡著《大学古义》和《论语时习录》成

清德宗光绪二十八年壬寅（1902年）

关中书院改为陕西师范大学堂

清德宗光绪二十九年癸卯（1903年）

二月，刘光蕡主讲甘肃大学堂

闰五月，刘光蕡著《立政臆解》成

八月，刘光蕡病逝兰州

牛兆濂主讲陕西师范大学堂

清德宗光绪三十年甲辰（1904年）

牛兆濂主讲鲁斋书院

清德宗光绪三十一年乙巳（1905年）

贺瑞麟《清麓答问》《清麓遗语》辑成并刊刻

清废帝宣统三年辛亥（1911年）

一月，牛兆濂演礼临潼横渠祠

民国二十六年丁丑（1937年）

七月，牛兆濂病逝

关学传承人物谱

[按] 本节参照多种关学史类论著整理而成，以便读者初步了解关学历代人物及其简要事迹。如欲详细了解，可联系眉县横渠书院关学图书馆查阅相关文献。

张载（1020—1077）

张载，字子厚，世称横渠先生，宋凤翔府郿县（今陕西眉县）人。宋仁宗嘉祐二年（1057 年）进士。去世后，谥明公、封郿伯，从祀孔庙。张载创立关学，建构了宋明理学的基本架构，是我国古代著名的哲学家、教育家。著有《西铭》《东铭》《正蒙》《经学理窟》《横渠易说》等，后编入《张载集》《张子全书》《张载全集》。

张戬（1030—1076）

张戬，字天祺，张载弟，宋凤翔府郿县（今陕西眉县）人。宋仁宗皇祐五年（1054 年）进士，官至太常博士、监察御史里行。以德行才能著称，撰有《丧仪纂要》《文集》等，已佚。与其兄张载合称“二张”。

苏昞（约 1054—1104）

苏昞，字季明，陕西武功县人，师从张载最久，为“门人之秀”，后卒业于二程。其人“德性纯茂，强学笃志”。宋哲宗元祐末，自布衣召为太常博士。张载《正蒙》撰成，苏昞为之编次并序。编有《洛阳议论》。

范育（？—1094 年前后）

范育，字巽之，三水（今陕西旬邑）人，张载门人。中进士第，官至户部侍郎，赠宝文阁学士等。他重视《大学》“诚意”“正心”思想，提倡德治与孝道礼制，笃信张载学说。受苏昞之邀，撰《正蒙序》，另有文字存世，收录于《全宋文》。

吕大忠（1025—1100）

吕大忠，字进伯，陕西蓝田县人，为吕氏兄弟之长，张载门人。皇祐五年（1053 年）进士。吕大忠为人“笃实而有光辉”，可爱而嗜学，生平极力推行礼教。著有《辋川集》《前汉论》等，遗著今收入《蓝田吕氏遗著辑校》。

吕大钧（1031—1082）

吕大钧，字和叔，陕西蓝田县人。宋仁宗嘉祐二年（1057 年）进士，与张载同科而执弟子礼。其人任道担当，注重实践之学，讲习井田与兵制，演绎古礼，力行而敦化风俗。著有《诚德集》《吕氏乡约》《乡仪》《蓝田吕氏祭说》等，今搜集编入《蓝田吕氏遗著辑校》。

吕大临（1040—1093）

吕大临，字与叔，世称芸阁先生，陕西蓝田县人，张载门人，从学于二程，为“程门四先生”之一。通《六经》，尤精于《礼》。以道自任，笃志横渠之学。宋仁宗嘉祐六年（1061年）进士，官至太学博士、秘书省正字。撰《横渠先生行状》，著作丰富，有《玉溪先生集》《易章句》《考古图》《中庸解》等，今编入《蓝田吕氏遗著辑校》。

李复（1052—1128）

李复，字履中，号潏水先生，京兆（今陕西西安）人，张载门人。宋神宗元丰二年（1079年）进士。李复学识深广，天文历法、礼乐军政皆通。注重经世致用，强调养民立本。张载殁后，在关中传播关学，为一代名儒。金人进犯关中，以身殉国。著有《潏水集》传世。

杨奂（1186—1255）

杨奂，字焕然，号紫阳，乾州奉天（今陕西乾县）人。金末。举进士不第。元初，创紫阳阁，讲学授徒于乡里。杨奂为当时名儒，注重实际，反对蹈袭陈言，敢于“指陈时弊”。著有《还山集》《天兴近鉴》等。

杨恭懿（1225—1294）

杨恭懿，字元甫，号潜斋，今陕西高陵人，杨天德（1180—1258）之子。视理学为“入德之门、进道之途”，精于《易》《礼》《春秋》，究心程朱之学。金元时期关中大儒，为许衡学友，共同在陕创办学校，强调以孔孟之学恢复科举，后以讲学为主。作《授时历》，著有《潜斋遗稿》。

萧𣅽（1241—1318）

萧𣅽，字维斗，号勤斋，奉元（今陕西西安）人，元代关中大儒。自幼至孝，博极群书，天文地理、律历算术，靡不研究。制行甚高，真履实践，教人必自小学始。文辞立意精深，当时学者总之。著有《三礼说》《勤斋文集》等。

同恕（1254—1331）

同恕，字宽甫，号榘庵，奉元（今陕西西安）人，元代关中大儒。长期执教奉元鲁斋书院，主持元仁宗延祐年间乡试。素有威望，乡人称为先生而不姓。与萧𣂏并称“萧同”。著有《榘庵集》等。

王恕（1416—1508）

王恕，字宗贯，号介庵，晚号石渠，陕西三原人。创立三原学派，与其子王承裕创办弘道书院。明英宗正统十三年进士，官至吏部尚书加太子太保。一生身居要职，又能以安民为心。其气节和学风对三原士风民俗影响极大。著有《历代名臣谏议录》《太师王端毅公奏议》《石渠意见》《玩易意见》等。

薛敬之（1435—1508）

薛敬之，字显思，号思庵，陕西渭南人。师承周惠，河东学派在关中的重要传人，史称“关西夫子”“关西复生横渠者”“薛道学”。在太学时，与陈白沙一时并称。其为政重视农业，体恤民情；为学重视教育，强调身心性命之学。其著作有《思庵野录》《道学基统》《洙泗言学录》《尔雅便音》《田畴百咏书》等。

王承裕（1465—1538）

王承裕，字天宇，号平川山人，晚号乐休道人，学者称平川先生。三原（今属陕西）人。王恕少子。明弘治癸丑（1493 年）进士，官至南京户部尚书。主讲弘道书院，推孔颜程朱之学以教人。其为官清平正直，颇有政绩；教育生徒，以礼为先，注重躬行实践。“冠婚丧祭之礼必率礼而行，三原士风民俗为之一变。”（黄宗羲语）。学识渊博，著述丰富，有《论语蒙读》《论语近说》《考经党集》《横渠遗书》等。

马理（1474—1555）

马理，字伯循，号谿田，学者称谿田先生，三原（今陕西三原县）人。就学三原弘道书院，从游于王恕。正德九年（1514 年）进士。通经学，与吕柟“并为关中学者所宗”，谓“得关洛真传，为当今硕儒”。其影响远及高丽诸国，所著《送康太史奉母还关中序》一文被朝鲜国视作范文传诵。晚年归隐商山书院讲学，学者远近求之。其学宗程朱而重笃行，史称“一身体验于身心”，“进退容止，力追古道”，一时称为“今之横渠也。”著有《谿田文集》等。

吕柟（1479—1542）

吕柟，字仲木，号泾野，学者称泾野先生，陕西高陵县人。正德三年（1508 年）登进士第一。曾于山西建解梁书院，广开教化，政绩斐然。师从薛敬之，总薛瑄河东之学。醉心张程朱子之学，与王阳明、王廷相齐名。被冯从吾誉为自张载以后关学的集大成者，著有《泾野子内篇》《四书因问》《宋四子抄释》《泾野诗文集》等。

韩邦奇（1479—1555）

韩邦奇，字汝节，号苑洛，人称苑洛先生，朝邑（今陕西大荔县）人。正德三年进士。其“学问精到，明于数学。”《关学编》称他“文理兼备，象数可与邵康节，论道乃独取张横渠。”著有《正蒙拾遗》《律吕直解》《苑洛语录》《苑洛志乐》《易占经纬》《启蒙意见》等。

南大吉（1487—1541）

南大吉，字元善，号瑞泉，陕西渭南人。明武宗正德六年（1511 年）进士。曾执弟子礼于王阳明，扩建稽山书院，为阳明讲学之所。嘉靖三年（1524），续刻《传习录》。辞官归乡后，“前访周公迹，后窃横渠芳”，建湭西书院，以良知学教四方学子。心学关中之传，功推南大吉。著有《绍兴志》《渭南志》《瑞泉集》等。

杨爵（1493—1549）

杨爵，字伯修，号斛山，陕西富平人。嘉靖八年（1529 年）进士，一代谏臣。从学韩邦奇，为明代关学三原学派代表人物。其论学主张“天命谓性，天人一理也。率性谓道，动以天也。修道谓教，求合乎天也。戒惧慎独，自修之功至于中与和也”。“道不可须臾离，可离非道”，“中和，心之本体”。著有《杨忠介公集》《周易辨录》《斛山遗稿》等。

王之士（1527—1590）

王之士，字欲里，号秦关，陕西蓝田人。其人“孝悌力田，行不踰乎规范；《诗》《书》敦悦，名已动于乡闾”。潜心理学，以道自任，立乡约，行宗法，被视为“蓝田吕氏复出”。著有《理学绪言》《秦关全书》《关洛集》《道学考源录》《正俗乡约》《正学筌蹄》《正学要言》等。

冯从吾（1557—1627）

冯从吾，字仲好，号少墟，长安（今陕西西安）人。万历十七年（1589 年）进士。万历三十七年（1609 年）创建关中书院，担任山长，讲学二十余年，人称“关西夫子”。其学宗良知之学，又承接关洛宗旨。著有《关学编》《辨学录》等，皆收入《冯恭定先生全书》《冯少墟先生集》等。

王徵（1571—1644）

王徵，字良甫，号葵心，自号了一道人，人称端节先生，陕西泾阳人。天启二年（1622 年）进士。早年习儒，后皈依天主教。有经世之志，醉心于器物制造；学习拉丁文，翻译出版《远西奇器图说录最》，撰有《诸器图说》《守御器具图说》。糅合儒耶，撰有《畏天爱人极论》《兵约》《士约》《乡兵约》等。另有《学庸书解》《两理略》等，均收入《王徵全集》。

王建常（1615—1701）

王建常，字仲夏，号复斋，朝邑（今陕西大荔）人。其学尊冯从吾，专务关洛之学，严辟阳明及佛老。赞称横渠礼学，注重知礼成性。其学与李颙东西并称。又留心天文，自绘《浑天仪图》。著有《复斋录》《大学直解》《律吕图说》等。

王弘撰（1622—1702）

王弘撰，字无异，号山史，陕西华阴人。其人博学多才，在经史、诗文、书画、金石及理学均有建树，时称“博物君子”，与“关中三李”合称“四夫子”。其理学，尊朱子，重格物，认可西方科学。其行“敦崇实学”，提倡经世致用，于屯田、纺织皆有论说。曾执掌关中书院，于清初“关学复兴”有功。著有《周易筮述》《周易图说述》《正学隅见述》等。

李颙（1627—1705）

李颙，字中孚，号二曲，陕西周至人。其学以自得为主，主陆王而兼取程朱，“倡绝学于周至，关中尊之拟横渠”。先后讲学关中各书院，又应邀赴江南讲学。主张“儒者之学，明体适用之学也”。辨真儒、腐儒、霸儒、俗儒以明学术，自悔过自新至体用大全以正人心。与李柏、李因笃并称“关中三李”，与孙奇逢、黄宗羲合称“海内三大儒”，为当世儒宗。著有《四书反身录》《悔过自新录》《二曲集》等。

李柏（1630—1700）

李柏，字雪木，号太白山人，陕西眉县人。以耕读志学，贯穿百家而博粹理窟，主张元气论，提倡“修之以敬”的工夫论，于儒释道三教并重。曾访横渠书院，提写“正大光明”。与李颙、李因笃并称“关中三李”，时人以为其“道继横渠”，并建祠祀之。著有《槲叶集》《一笑集》等。

李因笃（1632—1692）

李因笃，字天生、孔德、子德，号中南山人，陕西富平人。通经史，长于诗文，有志于理学。学宗朱子，礼尊横渠，与李颙、李柏并称“关中三李”。倡导经世致用之学，论说多“经世大略”。晚年以讲学为主，大昌横渠“以礼为教”之旨。著有《仪小经》《汉诗评》《古今韵考》《受祺堂诗集》《受祺堂文集》等。

王心敬（1656—1738）

王心敬，字尔缉，号丰川，陕西户县人。师从李颙，先后讲学汉江书院、紫阳书院等，广大二曲之学。其学尊崇心学，提倡主敬工夫，重视经世致用，熟于实政，认同张载“以礼为教”“知礼成性”之说。其人“继横渠道统，承二曲心传”。著有《丰川易说》《丰川诗说》《续关学编》《丰川全集》等。

李元春（1769—1854）

李元春，字仲仁、又育，号时斋，晚号桐阁主人，陕西朝邑（今陕西大荔）人。潜心理学，先后主讲华原书院等，又筑桐阁学舍，居家授徒。其学尊程朱而不排陆王，强调实践经世，倡导“学有体用”，于兵法和救荒特有重视。推崇张载“教人以礼”的思想。在关学文献整理上有突出贡献，如《关中道脉四种书》等，又主编《关学续编》。著作颇丰，收录于《桐阁全书》等。

贺瑞麟（1824—1893）

贺瑞麟，字角生，号复斋，陕西三原人。肄业于弘道书院，师从李元春，潜心理学。其毕生以弘扬理学为己任，主讲关中多所书院，又创建清麓书舍，主编《西京清麓丛书》，续编《关学编》。同时，提倡王道，崇尚张载的礼教与实学，重视地方建设。著有《清麓日记》《清麓文集》《清麓问答》等。

柏景伟（1831—1891）

柏景伟，字子俊，号沣西，晚号忍庵，晚号沣西先生，陕西长安人。学于关中书院，咸丰五年（1855 年）中举。长期参与军事，辞归后主讲于关中各大书院。其学以刘宗周而宗王阳明，强调“大人之学，体用兼全”。博通经史，汲取西学。曾建少墟书院，力振关学，时人以为“关学之后劲”。著有《柏沣西先生遗集》《沣西草堂集》等。

刘光蕡（1843—1903）

刘光蕡，字焕堂，号古愚，陕西咸阳人。学于关中书院，毕生从事教育事业。先后任教于西安、三原、泾阳等地，曾出任味经书院院长、崇实书院院长。他主张教育救国，重视学用结合，宣传西学。响应康梁变法，时有“南康北刘”之称。康有为称是“海内耆儒”，梁启超称为“关学后镇”。著有《烟霞草堂遗书》《刘古愚先生全书》。

牛兆濂（1867—1937）

牛兆濂，字梦周，号蓝川，学者称蓝川先生，陕西蓝田县人。肄业于关中书院，师从贺瑞麟，曾讲学于鲁斋书院、芸阁书院、清麓书院、陕西师范大学堂等，为清末民初的关学代表人物，杰出的教育家和社会活动家。著作有《吕氏遗书辑略》《芸阁礼记传》等。

（刘泉　侯亮）

关学基本文献书目

[按] 本节主要收录正式出版的关学原著与关学研究著作，以便读者按图索骥，拓展阅读。

一、原著（含注释）类

1. [明] 冯从吾撰；陈俊民，徐兴海点校. 关学编 [M]. 北京：中华书局，1987.

2. [明] 冯从吾撰；乌志鸿注.《关学编》注释 [M]. 西安：三秦出版社，2011.

3. [明] 冯从吾等撰；王美凤编校整理. 关学史文献汇校 [M]. 西安：西北大学出版社，2014.

4. [宋] 张载著；章锡琛点校. 张载集 [M]. 北京：中华书局，1978.

5. [宋] 张载著；林乐昌编校整理. 张子全书 [M]. 西安：西北大学出版社，2015.

6. [宋] 张载著；陈俊民编校. 儒藏精华编二〇九下册·张载全集 [M]. 北京：北京大学出版社，2016.

7. [宋] 张载著；张金泉校注. 新译张载文选 [M]. 台北：台湾三民书局，2011.

8. [宋] 张载著；喻博文注. 正蒙注译 [M]. 兰州：兰州大学出版社，1990；兰州：甘肃人民出版社，2012.

9. [宋] 张载著；林乐昌校释. 正蒙合校集释 [M]. 北京：中华书局，2012.

10. [宋] 张载著；周赟注.《正蒙》诠译 [M]. 北京：知识产权出版社，2014.

11. [宋] 张载著；李峰注.《正蒙》注说 [M]. 开封：河南大学出版社，2016.

12. [宋] 吕大临等撰；陈俊民辑校. 蓝田吕氏遗著辑校 [M]. 北京：中华书局，1993；儒藏精华编二二〇 [M]. 北京：北京大学出版社，2017.

13. [宋] 吕大临著；曹树明编校. 蓝田吕氏文集 [M]. 西安：西北大学出版社，2014.

14. [宋] 李復著；魏涛点校整理. 李復集 [M]. 西北

大学出版社，2015.

15. [元] 杨奂等著；孙学功点校整理. 元代关学三家集 [M]. 西安：西北大学出版社，2014.

16. [明] 王恕著；张建辉，黄芸珠点校整理. 王恕集 [M]. 西安：西北大学出版社，2014.

17. [明] 薛敬之，张舜典著；韩星点校整理. 薛敬之张舜典集 [M]. 西安：西北大学出版社，2014.

18. [明] 马理著；许宁，朱晓红点校整理. 马理集 [M]. 西北大学出版社，2015.

19. [明] 吕柟著；刘学智点校整理. 吕柟集 · 泾野经学文集 [M]. 西安：西北大学出版社，2014.

20. [明] 吕柟撰；赵瑞民点校. 泾野子内篇 [M]. 北京：中华书局，1992；西安：西北大学出版社，2015.

21. [明] 吕柟著；米文科点校整理. 吕柟集 · 泾野先生文集 [M]. 西安：西北大学出版社，2015.

22. [明] 韩邦奇著；魏冬点校整理. 韩邦奇集 [M]. 西安：西北大学出版社，2014.

23. [明] 南大吉著；李似珍点校整理. 南大吉集 [M]. 西北大学出版社，2015.

24. [明] 杨爵著；陈战峰点校整理. 杨爵集 [M]. 西

北大学出版社，2015.

25. [明] 冯从吾著；刘学智，孙学功点校整理. 冯从吾集 [M]. 西北大学出版社，2015.

26. [明] 王徵著；林乐昌编校整理. 王徵集 [M]. 西北大学出版社，2015.

27. [明] 王徵撰；林乐昌编校. 王徵全集 [M]. 西安：三秦出版社，2011.

28. [清] 王建常著；李明点校整理. 王建常集 [M]. 西北大学出版社，2014.

29. [清] 王弘撰著；孙学功点校整理. 王弘撰集 [M]. 西安：西北大学出版社，2014.12.

30. [清] 李颙撰；陈俊民点校. 二曲集 [M]. 北京：中华书局，2012.

31. [清] 李颙著；张波编校. 李颙集 [M]. 西安：西北大学出版社，2015.

32. [清] 李柏著；程灵生点校整理. 李柏集 [M]. 西安：西北大学出版社，2015.

33. [清] 李因笃著；刘泉，高春艳点校整理. 李因笃集 [M]. 西北大学出版社，2015.

34. [清] 吴怀清撰；陈俊民校编. 关中三李年谱 [M].

台北：允晨文化实业股份有限公司，1992；西安：陕西师范大学出版社，1992.

35. [清] 王心敬著；刘宗镐，苏鹏点校整理. 王心敬集 [M]. 西安：西北大学出版社，2014.

36. [清] 李元春著；王海成点校整理. 李元春集 [专著] [M]. 西北大学出版社，2015.

37. [清] 贺瑞麟著；王长坤，刘峰点校整理. 贺瑞麟集 [M]. 西安：西北大学出版社，2014.12.

38. [清] 刘光蕡著；武占江点校整理. 刘光蕡集 [M]. 西安：西北大学出版社，2015.

39. [清] 牛兆濂著；王美凤，高华夏，牛锐点校整理. 牛兆濂集 [M]. 西安：西北大学出版社，2014.

二、思想研究类

1. 陈俊民著. 张载哲学思想及关学学派 [M]. 北京：人民出版社，1986.

2. 陈俊民著. 吕大临易学发微 [M]. 新加坡：东亚哲学研究所，1987.

3. 程宜山著. 张载哲学的系统分析 [M]. 上海：学

林出版社，1989.

4. 朱建民著. 张载思想研究 [M]. 北京：文津出版社，1989

5. 陈俊民著. 张载哲学与关学学派 [M]. 台北：台湾学生书局，1990.

6. 龚杰著. 张载评传 [M]. 南京：南京大学出版社，1996.

7. 丁为祥著. 虚气相即——张载哲学体系及其定位 [M]. 北京：人民出版社，2000.

8. 方光华等著. 关学及其著述 [M]. 西安：西安出版社，2003.

9. 朱康有著. 人道真理的追寻——李二曲心性实学研究 [M]. 北京：中国文联出版社，2003.

10. 胡元玲著. 张载易学与道学：以横渠易说及正蒙为主之探讨 [M]. 台北：台湾学生书局，2004.

11. 文碧芳著. 关洛之间 以吕大临思想为中心 [M]. 武汉：武汉大学出版社， 2005.4

12. 林继平著. 李二曲研究 [M]. 西安：陕西师范大学出版社，2006.

13. 陈政扬著. 张载思想的哲学诠释 [M]. 台北：文

史哲出版社，2007.

14. 杨立华著. 气本与神化——张载哲学述论 [M].（北京：北京大学出版社，2008.）

15.（美）葛艾儒著. 张载的思想 1020-1077 [M]. 上海：上海古籍出版社，2010.

16. 何睿洁著. 冯从吾心性之学研究 [M]. 西安：陕西人民出版社，2010.

17. 叶守桓著. 李二曲思想研究 [M]. 花木兰文化出版社，2010.

18. 房秀丽著. 追寻生命的全体大用——李二曲理学思想及其教育价值 [M]. 济南：齐鲁书社，2010.

19. 常新著. 李柏思想研究 [M]. 西安：陕西人民出版社，2010.

20. 李蕉著. 张载政治思想述论 [M]. 北京：中华书局，2011.

21. 方惠玲著. 张载思想之研究 [M]. 台北：花木兰文化出版社，2011.

22. 章晓丹著. 韩邦奇哲学思想研究 [M]. 西安：陕西人民出版社，2011.

23. 高春艳著. 李因笃文学研究 [M]. 北京：中国社

会科学出版社，2011.

24. 李晓春著. 张载哲学与中国古代思维方式研究[M]. 北京：中华书局，2012.

25. 张瑞元著. 反经开新与通经致用——张载的精神世界研究 [M]. 西安：三秦出版社，2012.

26. 李如冰著. 宋代蓝田四吕及其著述研究 [M]. 北京：人民出版社，2012.

27. 张金兰著. 关洛学派思想关系研究——以张载、二程为主 [M]. 台北：花木兰文化出版社，2013.

28. 张荣华著. 张载哲学新探 [M]. 台北：花木兰文化出版社，2013.

29. 陈海红著. 吕大临理学思想研究兼论浙东学派的学术进程 [M]. 杭州：浙江工商大学出版社，2013.

30. 陈海红著. 吕大临评传 [M]. 西安：西北大学出版社，2014.

31. 邸利平著. 吕大临道学阐释 [M]. 台北：花木兰文化出版社，2014.

32. 米文科著. 吕柟评传 [M]. 西安：西北大学出版社，2014.

33. 魏冬著. 韩邦奇评传 [M]. 西安：西北大学出版

社，2014.

34.何睿洁著.冯从吾评传[M].西北大学出版社,2014.

35. 张波著. 李颙评传 [M]. 西北大学出版社，2014.

36. 常新著. 李柏评传 [M]. 西安：西北大学出版社，2014.

37. 高春艳，袁志伟著. 学术研究系列关学文库李因笃评传 [M]. 2014.

38. 刘宗镐著. 王心敬评传 [M]. 西安：西北大学出版社，2014.

39. 武占江著. 刘光蕡评传 [M]. 西安：西北大学出版社，2014.

40. 张波著. 张载年谱 [M]. 西安：西北大学出版社，2014.

41. 方光华等著. 张载思想研究 [M]. 西安：西北大学出版社，2014.

42.赵馥洁著.关学精神论[M].西北大学出版社,2015.

43. 刘学智著. 关学思想史 [M]. 西安：西北大学出版社，2015.

44. 周赟著. 张载天人关系新说——论作为宗教哲学的理学 [M]. 北京：中华书局，2015.

45. 辛亚民著. 张载易学研究 [M]. 北京：中国社会科学出版社，2015.

46. 张世敏著. 张载学说及其影响 [M]. 西安：三秦出版社，2015.

47. 林乐昌著. 张载理学与文献探研 [M]. 北京：人民出版社，2016.

48. 许宁著. 关学儒学国学 [M]. 北京：中国社会科学出版社，2016.

49. 刘泉著. 张载著作考论与思想研究 [M]. 北京：九州出版社，2016

50. 俞秀玲著. 李二曲理学思想研究——生命回归与人格重建 [M]. 北京：人民出版社，2016.

51. 史飞翔著. 关学与陕西书院 [M]. 西安：西北工业大学出版社，2016.

52. 王绪琴. 气本与理本——张载与程颐易学本体论的建构及其问题 [M]. 北京：中国社会科学出版社，2017.

53. 米文科著. 吕柟年谱 [M]. 北京：中国社会科学出版社，2017.

54. 常新. 明清时期关中士人生存境遇与文学生态 [M]. 经济与管理出版中心，2017.

55. 新加坡王昌伟. 中国历史上的关中士人：907-1911 [M]. 杭州：浙江大学出版社，2017.

56. 张波，米文科著. 关学研究探微 [M]. 北京：中国社会科学出版社，2018.

（刘泉）

横渠书院
传承关学
服务大众

书院地址：陕西眉县横渠镇中街 045 号，0917-5754688

分院地址：陕西省西安市莲湖区唐延北路 168 号

唐延中心城左街沣 19，029-89560040

中华民族历来讲求“天下一家”，主张民胞物与、协和万邦、天下大同，憧憬“大道之行，天下为公”的美好世界。

——习近平《携手建设更加美好的世界》